# GILBERT BRISBOIS & DANIEL RIOLO

W0404658

PLUS DE 100 JEUX

LE CAHIER DE VACANCES

# AFTER FOOT

RMC
INFO TALK SPORT

Flammarion

AFTER FOOT
SUR RMC
INFO TALK SPORT

# ÉDITO DE DANIEL RIOLO ET GILBERT BRISBOIS

Cette année, les vacances vont être courtes, les amis ! Avec une finale de l'Euro le 14 juillet et une reprise de la Ligue 1 mi-août, on n'aura qu'un mois pour se faire rôtir sur la plage. Il ne faudra donc pas se planter de destination. On évite le plan Fred Hermel genre Athènes en plein mois d'août, le rayon micro-ondes chez Darty suffira. Athènes c'est beau, mais pas en août ! On reporte aussi les projets « vis ma vie des vacances de Gilbert » au Bhoutan, Tadjikistan et autres endroits chelous. Vous ne serez pas totalement relax et vous ne pourrez donc pas profiter pleinement du cahier de vacances. Les mers Méditerranée, Tyrrhénienne, Égée ou Adriatique sont à privilégier. Face à l'océan Atlantique ou la Manche, on se méfie, le vent et la pluie pourraient abîmer ce précieux objet. Sinon, un bord de piscine, façon joueurs de foot à Vegas ou Dubaï, fera parfaitement l'affaire. Le cahier de vacances dans une main, une boisson fraîche dans l'autre.

« Cahier de vacances », c'est vrai qu'on aurait pu trouver un autre nom. Ça vous rappelle vos étés de cancres, n'est-ce pas ? Ah, le cahier de vacances parce que vos parents flippaient de vous voir largués à la rentrée suite à une année à la frontière de la moyenne... L'exercice de maths sous le parasol pendant que les autres se régalaient de leur temps libre...

Vous vous en doutez, notre cahier de vacances ne va pas vous faire mal à la tête. Au pire, il vous la cassera un peu quand vous ne trouverez pas une réponse évidente et que vous aurez honte de votre culture foot pas si énorme que ça.

On va remonter le temps jusqu'en 1970. On va dérouler ensemble les années, autour de notre passion commune.

Des jeux, des quiz, des charades, des rébus, des anagrammes, des mots croisés ou mêlés : on a varié les schémas tactiques. Avec, en exergue, nos équipes, nos joueurs préférés, de Maradona à Barcola... en passant par Messi, Zidane et Platini, il faudra parfois chercher l'intrus.

Du terrain amateur derrière la main courante avec frites merguez à la buvette jusqu'au stade niveau Ligue des Champions, on va voyager ensemble et les questions d'histoire ne consisteront pas seulement à savoir combien de fois Strasbourg a été champion de France. Mais vous apprendrez peut-être à quel moment de sa vie Gilbert a chassé le gras de son alimentation. On aurait pu, mais on ne l'a pas fait, vous demander le nombre de procès en diffamation gagnés par Daniel, ou le nombre de tournois de poker joués par Neymar... On aurait pu aussi vous faire deviner combien il y a de pizzas à la carte du resto de Verratti. Galtier a-t-il quitté le PSG avec ou sans la doudoune ? Le nombre de joueurs transférés à l'OM lors des deux prochaines saisons sera-t-il à deux ou trois chiffres ? Et enfin, la question bonus, y avait-il oui ou non péno sur Nilmar ?

Allez, faites chauffer vos têtes de footeux et régalez-vous avec ce beau cahier de vacances et ses magnifiques dessins. Revenez frais, belles, beaux et bronzés... et dites-vous qu'en 2025, ce sera la bonne année pour le PSG !

# SOMMAIRE

# 1970

# NAISSANCE DU PROPHÈTE DU FOOTBALL

« Une grande année pour le football mondial ! Celle de la plus belle des Coupes du Monde et de ma naissance, le 19 avril. Le même jour que Gabriel Heinze et Évelyne Dhéliat. Que des vedettes ! ☺ »

## 1 L'ANCIEN MONDE

Parmi ces pays d'Europe qui n'existent pas ou plus, entoure les 3 qui ont disputé la Coupe du Monde 1970.

1. Union Soviétique
2. Bohème
3. Tchéco-slovaquie
4. Prusse
5. Autriche-Hongrie
6. CEI
7. Riolistan
8. RFA
9. Yougoslavie
10. Alsace

## 2 SURNOMS ET SOBRIQUETS

Parmi ces personnalités du foot nées en 1970, relie chaque surnom officiel (ou pas) à son propriétaire.

| | |
|---|---|
| A La Mobylette | 1 Gareth Southgate |
| B Géo Trouvetou | 2 Daniel Riolo |
| C El Cholo | 3 Gianni Infantino |
| D Le Sylvain Ripoll anglais | 4 Christian Karembeu |
| E Calamity James | 5 Diego Simeone |
| F Jean L'Enfant | 6 Cafu |
| G L'esturgeon | 7 Luis Enrique |
| H Le Cheval Fou | 8 David James |

# ET DE 3 !

Complète ce résumé de la Coupe du Monde 1970.

1 La Coupe du Monde 1970, l'une des plus belles de l'histoire, se déroule au .............................., patrie d'Emiliano Zapata, Carlos Santana et Salma Hayek.

2 .............. équipes, réparties en quatre poules, sont qualifiées pour la compétition. Le .......................... remporte sa 3e Coupe du Monde, tout comme son numéro 10 ................

3 L'Allemand de l'Ouest .................... termine meilleur buteur avec .................... buts et remporte cette année-là le Ballon d'Or.

4 Nouveauté pour le téléspectateur, c'est la première Coupe du Monde télévisée en ........................

5 Après l'Égypte en 1934, le ....................... est le 2e pays africain à disputer une Coupe du Monde.

6 *Partita del socolo*, *Jahrhundertspiel*, soit ................. en français : la demi-finale entre l'Allemagne de l'Ouest et l'Italie est considérée comme le plus beau match de l'histoire de la Coupe du Monde. L'Italie l'emporte 4-3 après prolongation. ................. finit le match avec un bras en écharpe.

7 Le Brésil s'impose en finale face à l'Italie sur le score de ....... . ...... devient le premier vainqueur de Coupe du Monde en tant que joueur puis sélectionneur. Il sera imité plus tard par ................. et ...................

# RIS-ORANGIS, VILLE DE LUMIÈRES

Comme Daniel Riolo, une autre grande star du football est née – 24 ans plus tard – à Ris-Orangis, dans l'Essonne. Qui est-ce ?

INDICES

................................

# 1974

# GILBERT BRISBOIS, IL EST LÀ ?

« Pardon Daniel, mais moi j'ai Yannick Rott et Francesco Totti qui sont nés le même jour que moi, un 27 septembre. Rott bien plus connu que Totti, normal il a joué à Strasbourg. »

## ET 11 QUI FONT 1974 !

Retrouve ces joueurs marquants (ou pas) nés en 1974.
Quelques anciens Strasbourgeois pourraient s'y glisser…

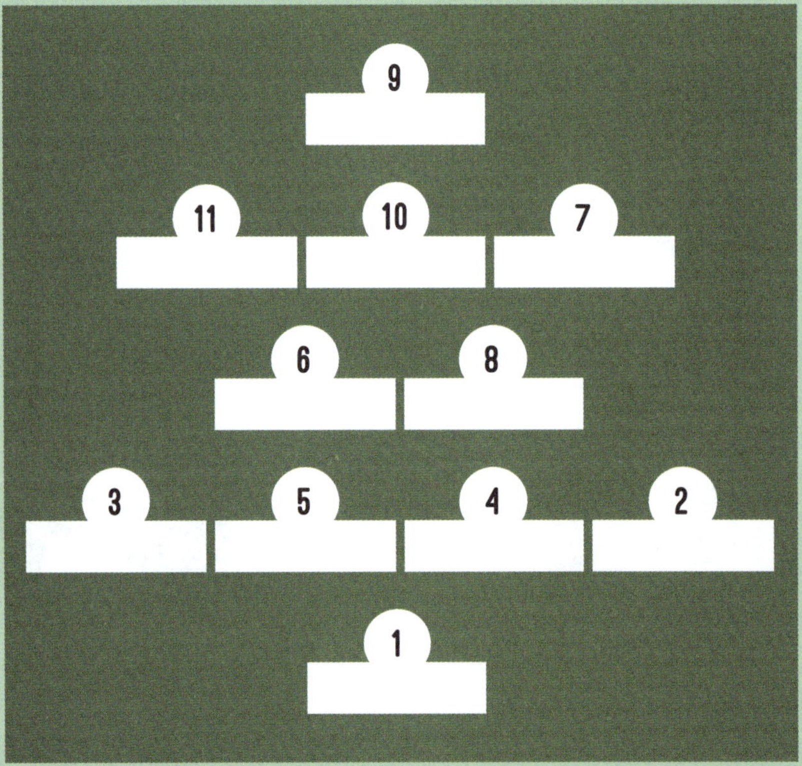


1. Pas pris par la panenka de Landreau
2. L'Ouest anglais
3. Éphémère entraîneur de l'OL, de mai à octobre 2019
4. Numéro 23 des Invincibles d'Arsenal
5. Un des 6 recalés de France 1998
6. Célèbre *redhead and red devil*
7. À l'Euro 2000, son tir du gauche passe entre les jambes de Nesta et sous le bras de Toldo
8. Strasbourg, Lens, Roma, Inter
9. Croate friand des caviars de Jérôme Rothen à Monaco
10. L'Alexandre Delpierre *bianconero*
11. Ne connaît pourtant pas Marine et Jean-Marie

## LA COUPE À LA MAISON

L'Allemagne de l'Ouest remporte la Coupe du Monde 1974 à domicile. En quelle année ces pays ont-ils remporté eux aussi la Coupe du Monde ou l'Euro à domicile ?

| FRANCE | ITALIE | ARGENTINE | ESPAGNE | URUGUAY | ANGLETERRE |
|---|---|---|---|---|---|
| Euro | Coupe du Monde | Coupe du Monde | Euro | Coupe du Monde | Coupe du Monde |
| 1 .............. | 2 .............. | 3 .............. | 4 .............. | 5 .............. | 6 .............. |
| + Coupe du Monde | + Euro | | | | |
| .............. | .............. | | | | |

## GO LES LOGOS !

WM 74

Le logo de la Coupe du Monde 1974 en RFA était vraiment affreux, non ? Heureusement, on a fait mieux ensuite. À quelles Coupes du Monde correspondent ces autres logos ?

1 ....................

2 ....................

3 ....................

4 ....................

5 ....................

© 2002 FIFA TM

6 ....................

7 ....................

## LES HÉROS DE LA MANNSCHAFT

La RFA remporte sa Coupe du Monde, 2-1 face aux Pays-Bas, grâce à un but décisif de Gerd Müller. À l'aide de ces anagrammes, identifie ces autres joueurs allemands qui ont eux aussi offert le titre à leur sélection.

FEOFHIRB
1 ..................

ERHMEB
2 ..................

ZOEGT
3 ..................

HNAR
4 ..................

HHBURCSE
5 ..................

# 1978

# DANIEL DÉCOUVRE LE FOOTBALL

« Première Coupe du Monde. Premiers souvenirs de vacances. Platini joue avec le 15 ! Premier maillot *azzurro*. Moi, je suis déjà grand et déjà numéro 10… »

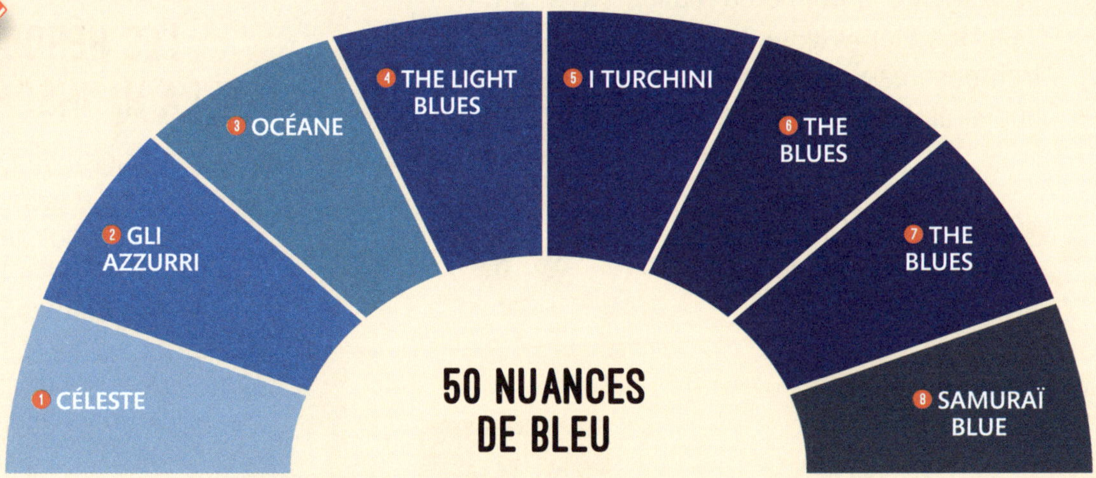


France, Italie, PSG, Strasbourg : quand ils ne sont pas à l'antenne, le maillot bleu a les faveurs de Gilbert et Daniel. À quels clubs ou sélections appartiennent ces maillots aux différentes teintes de bleu ?

1 ..................

2 ..................

3 ..................

4 ..................

5 ..................

6 ..................

7 ..................

8 ..................

## QUE DES NUMÉROS 10 DANS MA TEAM

Lors de la Coupe du Monde 1978 en Argentine, Michel Platini porte le numéro… 15. Qu'il troquera vite contre le numéro 10.
Trouve les 9 autres joueurs qui ont porté au moins 10 fois le numéro 10 en équipe de France.

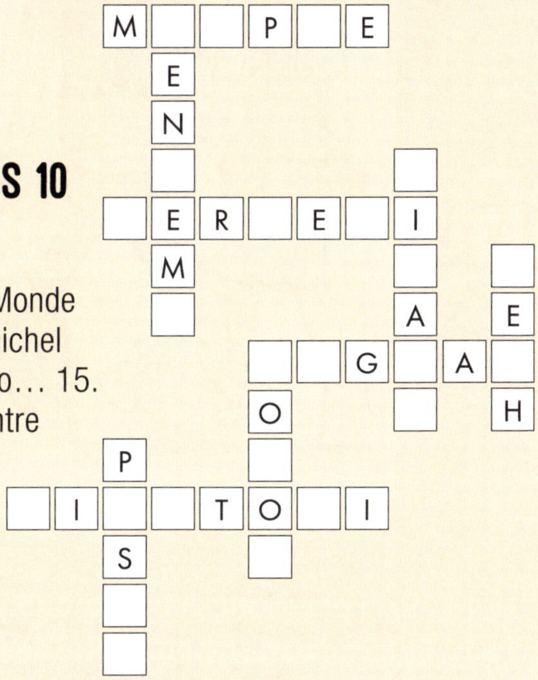


## SERIAL LOSERS

Les Pays-Bas perdent leur 2e finale de Coupe du Monde en 1978, puis une 3e en 2010. Trouve les 7 autres pays qui ont perdu au moins deux finales de Coupe du Monde.

1 .................

2 .................

3 .................

4 .................

5 .................

6 .................

7 .................

## ARGENTINA 1978

**1 À la veille de son départ en Argentine, Michel Hidalgo et sa femme sont victimes d'une tentative de kidnapping. Qui sont les ravisseurs ?**

- ☐ Des fans des Bleus totalement en désaccord avec la liste du sélectionneur français
- ☐ Un groupuscule d'opposants à la tenue du Mondial
- ☐ Des proches de Jean-Michel Larqué contrariés par la montée en puissance de Michel Platini

**2 Michel Platini portait le numéro 15. Mais qui avait le numéro 10 chez les Bleus ?**

- ☐ Jean-Michel Larqué
- ☐ Rolland Courbis
- ☐ Jean-Marc Guillou

**3 Lors du 3e match de poule, à quoi correspond le maillot aux rayures vertes de l'équipe de France ?**

- ☐ À un maillot d'une équipe de pêcheurs locaux
- ☐ À un stratagème pour préparer l'arrivée de Platini à Saint-Étienne
- ☐ À une superstition du sélectionneur Michel Hidalgo : « En blanc ou en bleu, on est nul. Essayons autre chose ! »

**4 Comment s'appelle le stade de la finale à Buenos Aires ?**

- ☐ Estadio Phenomenal
- ☐ Estadio Auguste-Bonal
- ☐ Estadio Monumental

**5 Avec deux buts et une passe décisive, qui est le bourreau des Pays-Bas en finale ?**

- ☐ Mario Hermès
- ☐ Mario Kempes
- ☐ Mario Herpès

**6 Qui remet la Coupe au capitaine argentin Daniel Passarella ?**

- ☐ Le général Videla
- ☐ Le général Tapioca
- ☐ Le général Ortega

# 1979

# STRASBOURG CHAMPION DE FRANCE

«  Aaaaah le seul titre de champion du plus beau club du monde ! Avec Dropsy, Domenech et Wenger dans l'effectif. Notre deuxième étoile est prévue pour mes 50 ans. Préparez-vous, c'est cette année ! »

## 1 ÊTRE ET AVOIR ÉTÉ

En juin 1979, Hambourg est champion d'Allemagne. Aujourd'hui, le club évolue en 2e division. À quels clubs champions nationaux et actuellement en D2 ces logos correspondent-ils ? Si tu fais 5 sur 6, t'es un cador. Si tu as les 6, t'es… un psychopathe !

1. Angleterre ................
2. Allemagne ................
3. Portugal ................
4. Brésil ................
5. Italie ................
6. Argentine ................

## 2 ANTICHAMBRE

Tu ne le savais pas mais, pendant que Strasbourg dominait la France, Montluçon et Melun étaient en D2 en 1979. Parmi les propositions ci-dessous, raye les 12 clubs qui n'ont jamais joué en D2.

1. Avignon
2. Biarritz
3. Paris SG
4. Chaumont
5. Blois
6. Alençon
7. Chambéry
8. Abbeville
9. Limoges
10. Sarreguemines
11. Vesoul
12. Alès
13. Ris-Orangis
14. Draguignan
15. Bonifacio
16. Aix-en-Provence
17. Vichy
18. Lourdes
19. Perpignan
20. Meaux
21. Montélimar
22. Fontainebleau
23. Montreuil
24. La Rochelle
25. Vittel

## LES 5 ERREURS DE ZAVEN

Retrouve les 5 erreurs que Zaven a glissées dans son portrait d'Arsène Wenger.
Ne nous dis pas que t'étais pas né, c'est pas une excuse !
Si t'as tout bon, tourne la page, t'as le niveau pour la suite.

# 1982

# GILBERT DÉCOUVRE LE FOOTBALL

« Premier souvenir de foot. France-RFA en demi-finale de la Coupe du Monde à Séville. Harald Schumacher, je te déteste ! »

## 1 « ALLEZ LES BLEUS ! »

Pour encourager les Bleus en Espagne, Dalida enregistre « La chanson du Mundial » et la speakerine Denise Fabre entonne « Ollé la France ». Des succès… discutables !
Connais-tu les chansons qui ont marqué, ou pas, les Coupes du Monde des Bleus ? Qui chantait quoi ?

1. Le groupe « Les Supporters » (Coupe du Monde 1978)
2. Jean-Pierre Foucault et Léon (Coupe du Monde 1978)
3. Carlos, Enrico Macias, Sacha Distel, Michel Boujenah, Didier Barbelivien, Herbert Léonard, Patrick Sébastien, Marcel Amont, Philippe Lavil et Sim (Coupe du Monde 1986)
4. Gloria Gaynor (Coupe du Monde 1998)
5. Carlos (Coupe du Monde 1998)
6. Johnny Hallyday (Coupe du Monde 2002)
7. Vegedream (Coupe du Monde 2018)
8. Gala (Coupe du Monde 2022)

- A « Ramenez la Coupe à la maison »
- B « Allez les Bleus, allez la France ! »
- C « Viva les Bleus »
- D « I will survive »
- E « Allez la France, allez ! »
- F « Tous ensemble »
- G « Freed from desire »
- H « Allez la France ! »

## 2 LE HÉROS DE FLO GAUTREAU

Attaquant de Tours et idole de Florent Gautreau, je domine le classement des buteurs de D1 lors de la saison 1982-83.

Avec 299 buts, je suis toujours le meilleur buteur de l'histoire de la première division française.

**Je suis :**

……………………

## TRAUMA

8 juillet 1982, demi-finale de Coupe du Monde RFA-France à Séville. La France s'incline aux tirs au but à l'issue d'un match d'anthologie, marqué par l'agression du gardien allemand Harald Schumacher sur Patrick Battiston à la 56e minute. Pas de faute, pas de carton jaune, pas de penalty. Six mètres. Jouez, messieurs !
Qui a prononcé ces phrases autour de l'un des plus grands traumatismes du football français ?

- A L'arbitre assistant
- B Patrick Battiston
- C Franz Beckenbauer
- D Polo Breitner
- E Jean-Michel Larqué
- F Thierry Roland
- G Helmut Schmidt
- H Harald Schumacher (x3)

**Avant le match**
« Jouez dur, les Français détestent ça ! »

1 ...............................

**Pendant le match**
« Encore une fois Schumacher ! Mais regardez où il va mettre son pied ! Ça échappe à chaque fois à Monsieur Corver ! »

2 ...............................

« Il a pas fait le voyage pour rien ! »

3 ...............................

« Je n'ai rien fait, ce n'est pas de ma faute ! »

4 ...............................

« À mon avis, ce n'était pas intentionnel. »

5 ...............................

**Juste après le match**
« Deux dents cassées ? S'il n'y a que ça, je lui paierai les frais de dentiste. »

6 ...............................

**Quelques jours après le match**
« Le jugement de Dieu qui, selon la mythologie classique, entre en jeu dans chaque combat entre deux peuples a voulu que cette chance échoie au camp allemand dans ce match. Nous sommes de tout cœur avec les Français qui méritaient d'aller de l'avant tout autant que nous. »

7 ...............................

**30 ans après le match**
J'ai reçu de nombreuses lettres d'insultes de la part des Français. On m'a traité de nazi, j'ai reçu des menaces de mort. Mes enfants ont aussi été menacés. J'en ai souffert. »

8 ...............................

« En règle générale, quand il y a un changement de temps, j'ai mal dans la nuque... Et de temps en temps, j'ai des absences... »

9 ...............................

**Régulièrement dans l'After**
« Pour moi, y avait pas faute sur Battiston. »

10 ...............................

## LOTERIE ?

Les tirs au but, ça se travaille ou c'est la « loterie » ? France-Allemagne, c'est aussi la première séance de tirs au but de l'équipe de France dans une grande compétition. Avec la fin que tu connais... Quels Bleus avaient manqué le leur ? Euros et Coupes du Monde confondus, peux-tu citer tous les ratés français ?

**Coupe du Monde 1982 : demi-finale RFA-France (perdu)**

1 ...............................

2 ...............................

**Coupe du Monde 1986 : quart de finale France-Brésil (gagné)**

3 ...............................

**Euro 1996 : quart de finale France-Pays-Bas (gagné)**

AUCUN !

**Euro 1996 : demi-finale France-République tchèque (perdu)**

4 ...............................

**Coupe du Monde 1998 : quart de finale France-Italie (gagné)**

5 ...............................

**Coupe du Monde 2006 : finale France-Italie (perdu)**

6 ...............................

**Euro 2020 : huitième de finale France-Suisse (perdu)**

7 ...............................

**Coupe du Monde 2022 : finale France-Argentine (perdu)**

8 ...............................

9 ...............................

# 1984

# PLATINI, NOTRE PREMIÈRE IDOLE

« Jusque-là, le foot avait toujours été une souffrance. Là, on gagne, on a le meilleur joueur du monde, on écrase tous nos adversaires. Oui Michel, oui Michel... *forever* ! »

## PLATOCHE

Tu penses tout connaître sur l'univers de Platoche ? T'en es bien sûr ? On va vérifier ça...

**1 Avec quelle équipe Platoche a-t-il joué le plus de matchs ?**

- ☐ Nancy
- ☐ Juventus Turin
- ☐ Saint-Étienne
- ☐ Strasbourg

2 Qui peut se targuer d'avoir au moins 3 Ballons d'Or, comme Messi, Ronaldo, Cruyff... et Platoche ?

- ☐ Marco Simone
- ☐ Marc Ambrosiano
- ☐ Marco van Basten
- ☐ Marco Verratti

3 Trouve le nom manquant dans cette phrase de Platoche : « Personne ne nie que Zidane soit un grand joueur, mais ce qu'il fait avec la balle, ............. le fait avec une orange. »

- ☐ Daniel Riolo
- ☐ Jean-Michel Larqué
- ☐ Rolland Courbis
- ☐ Diego Maradona

4 Platoche a porté les couleurs d'une autre sélection que les Bleus. Laquelle ?

- ☐ Koweït
- ☐ Bahrein
- ☐ Oman
- ☐ Yémen

5 8 décembre 1985, Juventus - Argentinos Juniors, Coupe Intercontinale à Tokyo. À 20 minutes de la fin du match, Platoche s'allonge sur la pelouse. Pourquoi ?

- ☐ Il souffre de narcolepsie
- ☐ L'arbitre lui refuse ce qu'il considérera comme le plus beau but de sa carrière
- ☐ Il devine qu'il sera élu homme du match et en profite déjà
- ☐ Il tourne une publicité pour Poltrone Sofa, sponsor des *Bianconeri*

6 À Rama Yade qui lui demande en 2010, en Afrique du Sud, si un joueur des Bleus peut devenir « le nouveau Platini », Platoche répond : « Qu'il essaye d'abord de devenir le nouveau Zidane ». De qui parlait-il ?

- ☐ Hatem Ben Arfa
- ☐ Karim Benzema
- ☐ Yoann Gourcuff
- ☐ Franck Ribéry

7 Daniel Riolo et Gilbert Brisbois ont rencontré Platoche dans son restaurant en 2021. Dans quelle ville était-ce ?

- ☐ Grenade
- ☐ Orange
- ☐ Cassis
- ☐ Figueras

## 20 SUR 20 ?

Tu n'as jamais ramené de 20 sur 20 à tes parents pendant ta scolarité ? C'est ta dernière chance. Et en plus, on a presque fait tout le boulot ! Qui sont les champions d'Europe 1984 manquants ? Aide-toi des clubs dans lesquels ils évoluaient…

**❶ Gardiens de but**

1 Joël Bats (Auxerre)
19 Philippe Bergeroo (Toulouse)
20 .................. (Sochaux)

**❷ Défenseurs**

2 Manuel Amoros (Monaco)
5 Patrick Battiston (Bordeaux)
4 Maxime Bossis (Nantes)
3 .................. (Toulouse)
15 Yvon Le Roux (Monaco)
18 Thierry Tusseau (Bordeaux)

**❸ Milieux de terrain**

6 Luis Fernandez (Paris SG)
7 .................. (Auxerre)
9 Bernard Genghini (Monaco)
12 Alain Giresse (Bordeaux)
10 Michel Platini (Juventus Turin)
14 Jean Tigana (Bordeaux)

**❹ Attaquants**

11 Bruno Bellone (Monaco)
8 .................. (Monaco)
17 Bernard Lacombe (Bordeaux)
16 Dominique Rocheteau (Paris SG)
13 Didier Six (Mulhouse)

## MICHEL… ET LES AUTRES

Où placer Michel Platini dans la hiérarchie du football mondial ? Devant ou derrière Cruyff, Pelé, Rothen, Maradona, Zidane et Liénard ? Une certitude, c'était le plus grand des Michel. À propos, saurais-tu retrouver ces autres Michel du football ?

❶ Balle d'arme à feu / Lille et Lyon / Brésilien ..............................

❷ LOSC / Plus pour plus / Jérôme et Léa ..............................

❸ Quinta del Buitre / Valderrama / OM ..............................

❹ Sifflet / Français / Coupes du Monde 1982 et 1990 ..............................

❺ Sac à merde / Coupe du Monde 1986 / Nantes ..............................

❻ Téfécé / Champion de France 1999 / Fils golfeur ..............................

❼ Mimi / Légende Tango / Presque millionnaire ..............................

## FOOT ET GÉOMÉTRIE

En 1984, le « carré magique » – Platini, Giresse, Tigana et Fernandez – propulse les Bleus au sommet de l'Europe. Mais que sais-tu d'autre sur la géométrie du football ?

Quelle forme géométrique et quelle couleur sont utilisées pour désigner un terrain de football ?

❶ ..............................

Comment appelle-t-on une combinaison ou un échange de passes entre 3 joueurs ?

❷ ..............................

Comment appelle-t-on l'extrémité des membres inférieurs d'un joueur maladroit ?

❸ ..............................

Quel attaquant brestois a pour patronyme l'équivalent de « phalange circulaire » ?

❹ ..............................

Comment appelle-t-on le 4-4-2 comprenant une pointe haute et une pointe basse en son milieu ?

❺ ..............................

Quel ancien Marseillais a pour nom un instrument destiné à tracer des angles droits ?

❻ ..............................

# 1986

# MARADONA, NOTRE DEUXIÈME IDOLE

« **Si t'es trop jeune pour avoir vu jouer Maradona, t'as raté ta vie !
Dans ce cas, cours sur YouTube regarder ses buts, ses échauffements avec Naples, et régale-toi de sa Main de Dieu.** »

## FRANCE-BRÉSIL

Le quart de finale France-Brésil 86 restera l'un des plus beaux matchs de l'histoire des Bleus. Tu es calé sur ce match ? Et sur les autres France-Brésil ?

1. La dernière fois que les Bleus ont perdu contre le Brésil en compétition officielle, c'était en ............. .
Depuis, la France est le cauchemar de la sélection *auriverde*. Les Brésiliens tombent lors des Coupes du Monde ..........., ............. et ............. .

2. Le fameux match de 1986 se déroule au stade Jalisco de ......................., au Mexique. Le match, diffusé en direct sur Antenne 2, est commenté par le journaliste ..................... et l'ancien international Roger Piantoni, puis le lendemain sur TF1 par le duo Thierry Roland - Jean-Michel Larqué. Lors de la séance de tirs au but, Michel Platini manque le sien, ainsi que les Brésiliens ................. et ................... Luis Fernandez offre la qualification aux Bleus.

3. On l'oublie parfois mais en 1998, les Bleus ont joué la dernière demi-heure de la finale à 10, après l'exclusion de ............................ Pour l'After, le meilleur tricolore de la compétition est .................................... .

4. En 2001, la France s'impose 2-1 face au Brésil en demi-finale de la ..................................................... .

5. Cinq ans plus tard, les Bleus éteignent à nouveau le Brésil du capitaine ............. . .............. délivre sa première passe décisive à ............., bien seul au second poteau, puisque Roberto Carlos était en train de ...................... .................................. .

## DIEGO

Tu crois tout connaître sur Diego ? Prouve-le-nous en trouvant la bonne réponse à chacune de ces questions.

❶ Diego Maradona est né en 1960 à :

☐ Colón ☐ Lanús

❷ *« Je le porte sur mon bras et dans mon cœur. J'ai appris son histoire, j'ai appris à l'aimer... »*
De quel personnage tatoué sur son épaule droite Maradona parle-t-il ?

☐ Jérôme Rothen ☐ Che Guevara

❸ *« Le rencontrer était comme toucher le ciel de mes mains... »*
De quel personnage tatoué sur son mollet gauche Maradona parle-t-il ?

☐ Fidel Castro ☐ Didier Roustan

❹ L'Église maradonienne est une religion en Argentine. Son baptême consiste à :

☐ Marquer un but de la main gauche dans une cage fictive
☐ Jurer sur l'autobiographie de Diego qu'il restera le meilleur joueur de tous les temps

❺ Qui était surnommé le Maradona des Carpates ?

☐ Laszlo Boloni ☐ Gheorghe Hagi

❻ Il n'a pas vu la « *main de Dieu* » lors du quart de finale Argentine-Angleterre du Mondial 1986. Qui est cet arbitre ?

☐ Ali Benasseur ☐ Joël Quiniou

❼ Complète cette phrase de Diego : « *Si je ne m'étais pas drogué, on ne parlerait même pas de* .............. »

☐ Messi ☐ Pelé

❽ Il y a quelques années, un couple argentin a appelé ses trois enfants :

☐ Mara, Dona, Diego ☐ Elpi, Bédé, Oro

❾ Complète cette phrase de Diego :
« *Arriver dans la surface et ne pas pouvoir tirer, c'est comme danser avec* .................... »

☐ Sa sœur ☐ Sa mère

❿ Diego Maradona est mort en 2020 à :

☐ Lyon ☐ Tigre

3

## FERGIE TIME

C'est en novembre 1986 qu'Alex Ferguson devient entraîneur de Manchester United. Il y restera... longtemps. Mais jusqu'à quand ? Trouve également les dates de règne de ces autres entraîneurs ou sélectionneurs, durables ou éphémères.

❶ ALEX FERGUSON, MANCHESTER UNITED

1986 -................

❷ ARSÈNE WENGER, ARSENAL

.............. - 2018

❸ JOACHIM LÖW, ALLEMAGNE

.............. - 2021

❹ ROLLAND COURBIS, NIGER

avril 2012 - .............

❺ OSCAR TABAREZ, URUGUAY

.............. -................

❻ GUY ROUX, AUXERRE

............. - 2000 puis 2001 - 2005

❼ DIDIER DESCHAMPS, ÉQUIPE DE FRANCE

.............. - .................

❽ MARCELINO, MARSEILLE

juin 2023 - .................

4

## LES RÉBUS DE LA FINALE

Trouve les noms de ces 2 joueurs de la finale du Mondial 86.

❶ ..............................  ❷ ..............................

# 1990

# LA COUPE DU MONDE EN ITALIE

« Tout le monde s'en fout de ce Mondial, mais pas moi ! C'est énorme. Émotions folles. Toto Schillaci, le gars de Palerme, Roberto Baggio... La tristesse, aussi, avec Diego, pourtant chez lui à Naples… »

## 1 LES CENTRES DE FORMATION DE L'AFTER

Aujourd'hui, l'After brille toujours grâce à eux.
Mais où ses journalistes et chroniqueurs ont-ils été formés ?
Dans quels établissements de qualité étaient-ils scolarisés en 1990 ? On les remercie.

| | | | | |
|---|---|---|---|---|
| Florent Gautreau | Daniel Riolo | Stéphane Guy | Fred Hermel | Gilbert Brisbois |
| Thibaud Leplat | Nicolas Jamain | Julien Laurens | Johann Crochet | Nicolas Vilas |

1. **LYCÉE CLAUDE-MONET, PRÉPA LITTÉRAIRE,** PARIS 13 ..............................
2. **FACULTÉ D'HISTOIRE DU MAINE,** LE MANS ..............................
3. **ÉCOLE PRIMAIRE LOUIS-PASTEUR,** ORGEVAL ..............................
4. **ÉCOLE MATERNELLE DE COURSON-LES-CARRIÈRES,** BOURGOGNE ..............................
5. **FACULTÉ DE DROIT,** SAINT-MAUR ..............................
6. **LYCÉE CHAMPOLLION,** GRENOBLE ..............................
7. **ÉCOLE PRIMAIRE DU HAILLAN,** GIRONDE ..............................
8. **ÉCOLE PRIMAIRE CHARLES-DIGEON DE SAINT-MANDÉ,** VAL-DE-MARNE ......................
9. **ÉCOLE PRIMAIRE DE GRANDFRESNOY,** PICARDIE ..............................
10. **UNIVERSITÉ LILLE-3,** INFOCOM ..............................

## 2 FATALISTE

*« Le football est un sport simple : 22 hommes courent après un ballon pendant 90 minutes et à la fin, les Allemands gagnent. »* Quel joueur anglais a prononcé cette phrase, lors du Mondial 1990 ?

1. Paul Gascoigne
2. Chris Waddle
3. Gary Lineker

## LES 5 ERREURS DE ZAVEN

Retrouve les 5 erreurs que Zaven a glissées dans son portrait de Roger Milla.
Si t'en as pas au moins 3, t'es un Footix. T'en trouves aucune ? Laisse tomber et retourne te baigner !

# 1992

# LUIS FERNANDEZ AVEC LE 10

« Quel Euro pourri ! Luis est le meneur d'une triste équipe de France. Période morose pour les Bleus. Plus personne ne s'intéresse à eux, mais la légende urbaine dit que c'est là que les succès futurs se sont construits. »

## « ... ET PUIS UNE GORGÉE DE VOLVIC, TOUJOURS »

C'est dans les années 90 que les marques ont commencé à solliciter de nombreux footballeurs pour les représenter. Avant cela, seules les superstars trouvaient grâce à leurs yeux. À quelles personnalités du foot français associez-vous ces marques ? (Attention, certaines apparaissent 2 fois)

| | |
|---|---|
| 1 Cristalline | ................................ |
| 2 Quick | ................................ |
| 3 La Halle aux Chaussures | ................................ |
| 4 La revue de l'After | ................................ |
| 5 Fruité | ................................ |
| 6 Bic | ................................ |
| 7 Volvic | ................................ |
| 8 Sharp | ................................ |
| 9 Tuc | ................................ |
| 10 Compo Floranid | ................................ |
| 11 Renault 12 | ................................ |
| 12 Pétrole Hahn | ................................ |
| 13 Grundig | ................................ |

Robert Pirès
Jean-Pierre Papin
Grégory Coupet
Michel Platini
Guy Roux
Éric Cantona
Gilbert Brisbois
Nicolas Anelka
Emmanuel Petit
Zinédine Zidane

## 2 BLAUGRANA

Le Barça remporte sa toute première C1, qui s'appelle pour la dernière fois Coupe des Clubs Champions. Les Catalans s'imposent 1-0 face à la Sampdoria Gênes. Retrouve les noms de ces quelques anciens joueurs *Blaugrana*. Deux d'entre eux étaient sur la pelouse ce soir-là.

**1**

Mon premier signifie « jouet » en anglais
Mon deuxième est le nom d'un grand défenseur de la cuisine française dans les médias, disparu en 2016

Je suis ...............................

**2**

Mon premier et mon tout sert à embellir un lieu

Je suis ...............................

**3**

Mon premier est le verlan du mot « bisou »
On trouve mon second dans le poisson
Mon troisième est collé sur la voiture du jeune conducteur

Je suis ...............................

**4**

À Paris, on rencontre mon premier à la fois à la droite et à la gauche de la Seine
Mon second est le prénom de l'acteur italien Maccione

Je suis ...............................

**5**

Mon premier est un chiffre interminable
Les bouquinistes ont leurs étals en bord de Seine sur mes deuxièmes

Je suis ...............................

**6**

Mon premier est une expulsion de gaz par la bouche
Mon second supporte les voiles
Mon troisième est Ferdinand ou Mavuba

Je suis ...............................

## 3 REPÊCHÉ, C'EST GAGNÉ

Surprenant vainqueur de l'Euro, le Danemark n'a dû sa participation qu'au forfait de la Yougoslavie, en pleine guerre des Balkans. Dommage pour les Yougoslaves, qui auraient pu aller au bout eux aussi : il n'y avait presque que des vedettes parmi eux. Sauras-tu les retrouver ? Attention, les 2 joueurs en rouge sont des intrus.

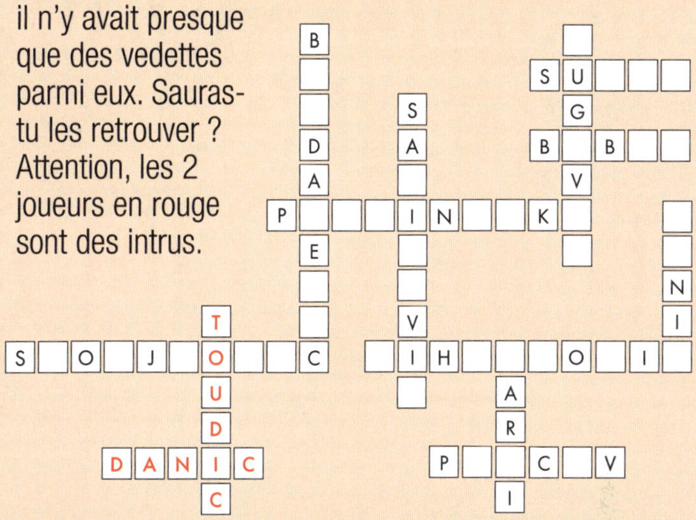


## 4 YES, YOU CAN !

1992 : la Côte d'Ivoire remporte sa 1re Coupe d'Afrique des Nations. 2024 : l'After CAN se délocalise à Abidjan. Tu n'as donc rien loupé de la compétition, du 3e titre et du parcours incroyable des Éléphants. Mais sinon, tu es calé sur la CAN ?

1. Avec ... trophées, l'............ est la nation la plus titrée de l'histoire, et la seule à avoir remporté 3 éditions d'affilée, en ........, ........ et .........
2. 4 sélectionneurs français sont champions d'Afrique : ............. en 1988 et .............. en 2000 avec le Cameroun ; ................ en 2004 avec la Tunisie ; et Hervé Renard à deux reprises avec la Zambie en ....... et la Côte d'Ivoire en .........
3. Le meilleur buteur de l'histoire est ...................... avec 18 buts inscrits sur 6 éditions.
4. Ancien consultant de l'After, ....................... remporte 2 CAN, en 2000 et 2002. C'est la star des Lions Indomptables, avant l'éclosion de Samuel Eto'o.
5. Ahmed Hassan (Égypte), Youssef Msakni (Tunisie), .......... ................. (Cameroun) et ................. (Ghana) détiennent le record de participations, à savoir .....
6. La prochaine CAN aura lieu en 2025 au ............

# 1993

# MARSEILLE GAGNE LA LIGUE DES CHAMPIONS

« J'étais étudiant à Grenoble, une ville qui ne pensait alors qu'au rugby. Mais ce soir-là, tout le monde a découvert le foot, une fête géante dans les rues comme je n'en avais jamais vu. »

## À JAMAIS LES PREMIERS

Un club français remporte enfin la plus prestigieuse des compétitions européennes de clubs. À jamais les premiers, oui, et toujours les seuls ! Les joueurs de la finale face à l'AC Milan de Berlusconi, tu les as tous ?

**Remplaçants :**

| | | | | |
|---|---|---|---|---|
| GB | **12** | 🇮🇹 | Carlo Cudicini | |
| DF | **13** | 🇮🇹 | Stefano Nava | |
| MO | **14** | 🇮🇹 | Stefano Eranio | ▲ 86e |
| MO | **15** | 🇮🇹 | Alberigo Evani | |
| Att | **16** | 🇫🇷 | .................... | ▲ 55e |

**Entraîneur :**

🇮🇹 ...................

**Remplaçants :**

| | | | | |
|---|---|---|---|---|
| DF | **12** | 🇫🇷 | Bernard Casoni | |
| MO | **13** | 🇫🇷 | .................... | ▲ 78e |
| MO | **14** | 🇫🇷 | .................... | ▲ 61e |
| Att | **15** | 🇫🇷 | Jean-Marc Ferreri | |
| GB | **16** | 🇫🇷 | Pascal Olmeta | |

**Entraîneur :**

🇧🇪 Raymond Goethals

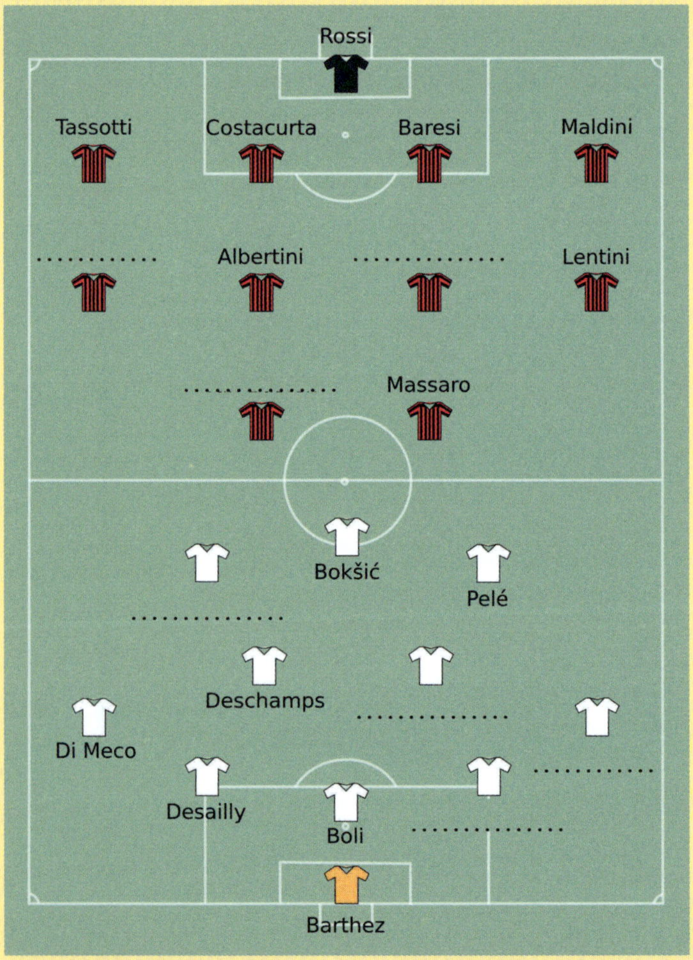

## 2 LE MIRAGE AMÉRICAIN

Le 17 novembre, la France est foudroyée par la Bulgarie de Kostadinov. Les Bleus n'iront pas aux USA l'année suivante pour la Coupe du Monde. Gérard Houllier accusera David Ginola de *« crime contre l'équipe »*. Et à chaud, qu'ont dit les Bleus au micro juste après le match ?

PROPOSITIONS

- A Éric Cantona
- B Jean-Pierre Papin
- C Vincent Guérin
- D David Ginola
- E Reynald Pedros
- F Franck Sauzée

1. *« J'ai pas pensé une seconde qu'ils allaient marquer. On était bien. Il restait peu de temps à jouer et on n'avait vraiment pas envie de lâcher le morceau. »* .....
2. *« Dans ces moments-là, on assume un peu tout... Je pense qu'on a joué comme il fallait, et pis ça s'est pas bien passé... »* .....
3. *« C'est horrible pour nous, c'est horrible pour tout le monde. Même maintenant, j'y crois pas. J'ai l'impression de faire un cauchemar. »* .....
4. *« Dans la vie, il faut savoir prendre certaines décisions, quitte à faire un non-match mais ne pas le perdre. Peut-être que progressivement pendant le match, on a été amené à s'enflammer, on n'aurait pas dû. »* .....
5. Est-ce la plus grosse déception de sa carrière ? *« Sans doute, oui... C'est une grande grande désillusion. »* .....
6. *À partir du moment où vous êtes qualifiés, c'est dans votre intérêt de gagner un peu de temps. C'est ce que j'ai essayé de faire en jouant à deux. Je pensais peut-être pas que David allait centrer de suite... »* .....

## 3 VA-OM

L'affaire VA-OM éclate quelques jours avant la consécration des Marseillais en Coupe d'Europe. La plus grande affaire de corruption du foot français prive le club de Bernard Tapie du titre de champion de France et entraîne sa chute. Connais-tu ces autres scandales qui ont ébranlé le football en Europe ?

1. En Italie, comment appelle-t-on l'affaire de corruption d'arbitres qui a impliqué plusieurs clubs et plongé la Juventus en Serie B en 2006 ? ..............................
2. En quelle année a démarré le FIFAGate ? ..............................
3. En 2018, le Footbelgate implique entre autres un agent omniprésent dans le plat pays... et à Nantes. Qui est-ce ? ..............................
4. Le Barça aurait versé des millions d'euros au numéro 2 du Comité technique des arbitres en Espagne. Quelle affaire dévoilée en 2023 porte le nom de cet arbitre ? ..............................
5. Il y a plus de 40 ans, comment a-t-on appelé le premier scandale du foot italien, portant sur des matchs truqués et des paris clandestins ? ..............................
6. Qui était président de l'AS Saint-Étienne lors de l'affaire de la caisse noire en 1982 ? ..............................

## 4 ACCESSITS

En 1993, le magicien Roberto Baggio est désigné Ballon d'Or au terme d'une année exceptionnelle. Le King Éric Cantona régale Manchester United et se classe 3e. Peux-tu trouver tous les Français qui ont terminé sur le podium ? Certains apparaissent plusieurs fois.

| | | |
|---|---|---|
| 1956 : | .............................. | 3e |
| 1957 : | .............................. | 3e |
| 1958 : | .............................. | 1er |
| | .............................. | 3e |
| 1959 : | .............................. | 2e |
| 1977 : | .............................. | 3e |
| 1980 : | .............................. | 3e |
| 1982 : | .............................. | 2e |
| 1983 : | .............................. | 1er |
| 1984 : | .............................. | 1er |
| | .............................. | 2e |
| 1985 : | .............................. | 1er |
| 1991 : | .............................. | 1er |
| 1993 : | Éric Cantona | 3e |
| 1997 : | .............................. | 3e |
| 1998 : | .............................. | 1er |
| 2000 : | .............................. | 2e |
| 2003 : | .............................. | 2e |
| 2006 : | .............................. | 3e |
| 2013 : | .............................. | 3e |
| 2016 : | .............................. | 3e |
| 2018 : | .............................. | 3e |
| 2022 : | .............................. | 1er |
| 2023 : | .............................. | 3e |

# 1996

# LE PSG GAGNE LA COUPE DES COUPES

« J'avoue que cette victoire m'a plus marqué que celle de Marseille. ☺
J'étais à la fac à Rome. Je courais tout seul dans les rues avec mon écharpe et tout le monde s'en foutait. »

## 1 GOLDEN GOAL

L'Allemagne est championne d'Europe grâce au 1er but en or inscrit dans une grande compétition. Connais-tu l'histoire de cette spécialité française ?

1. La règle du but en or est en vigueur dans les grandes compétitions entre 1996 et ................ . Ce but inscrit dans la prolongation met immédiatement un terme à la rencontre sans attendre la fin du match.
2. Plus éphémère et contrairement au but en or, la règle du but en ................ impose que l'une des deux équipes mène au score au terme de la première période de la prolongation pour remporter le match. Elle n'a été appliquée qu'une seule fois en compétition internationale, lors de la demi-finale de l'Euro 2004 Grèce-................ .
3. Le premier but en or est donc inscrit en finale de l'Euro 1996, grâce à une frappe de ................ que ne parvient pas à maîtriser Kouba, le gardien tchèque.
4. Les Bleus ont brillé dans l'exercice : un but de ................ qualifie la France pour les quarts de finale de la Coupe du Monde 1998. ................ et Trezeguet en inscrivent un à l'Euro 2000. Moins prestigieux, celui de ................ offre la Coupe des Confédérations 2003 aux hommes de ................ .
5. Lors de la Coupe du Monde 2002, un but en or du ................ Ahn Jung-hwan élimine l'Italie en huitième de finale. Celui du Sénégalais ................ sort la Suède au même stade de la compétition.

## 2 PASSEMENT DE JAMBES

En 1996, le rappeur Doc Gynéco chante « Passement de jambes ».
Quel ancien Marseillais parle dans l'intro ?

« Allô, c'est ........................................ , doc
Dans la vie comme sur le terrain, tu ne passeras jamais »

## 3 VIENNE A VALSÉ

8 mai 1996 :
finale de la Coupe des Coupes
PSG-Rapid Vienne. Un match pas forcément inoubliable, mais qui entre dans la légende : bah oui, ce n'est que la 2e Coupe d'Europe gagnée par un club français ! Et tout ça grâce à Yannick Noah… (on plaisante, Luis !) Te souviens-tu de la compo des deux équipes ? Côté Rapid, on t'aide avec les nationalités des deux seuls non-Autrichiens.

Entraîneur :
Luis Fernandez

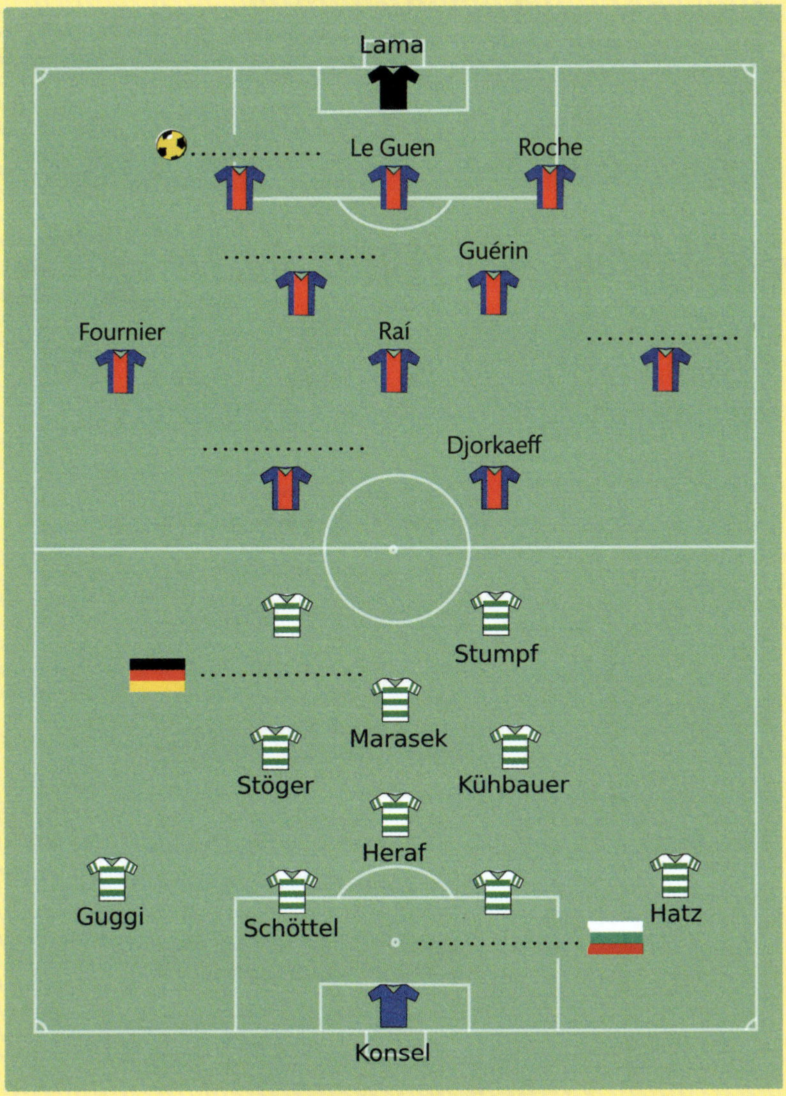


Entraîneur :
Ernst Dokupil

## 4 DUCS DE BOURGOGNE

L'AJ Auxerre de Guy Roux gagne la Coupe de France ainsi que son unique titre de champion de France. Tu te souviens du sponsor « DUC » sur le maillot bourguignon ? Et ces autres illustres sponsors-maillots, tu les as ? Relie les bons clubs aux bons sponsors.

| CLUBS | SPONSORS |
|---|---|
| PSG | Rippoz |
| Marseille | RTL (☹) |
| Rennes | Maison Malardeau |
| Strasbourg | Fruité |
| Nice | Shopi |
| Nîmes | Cachou Lajaunie |
| Bordeaux | Panasonic |
| Nantes | Duc |
| Metz | Sollac |
| Lille | Pfizer |
| Lens | Lactel |
| Auxerre | Mammouth |
| Monaco | Justin Bridou |
| Lyon | Les Menuires |
| Saint-Étienne | Tati |
| Montpellier | RMC (☺) |
| Toulouse | Manufrance |
| Laval | Peaudouce |
| Nancy | Cacharel |
| Guingamp | Europe 1 (☹) |

# 1998

# LA COUPE DU MONDE EN FRANCE

« L'extase. C'est presque trop d'attente. Le foot entre dans une autre dimension. Des médias se créent, je deviens journaliste. 1998, c'est la Coupe du Monde de tout un pays. »

## « VOUS AVEZ PEUR DE QUOI ? VOUS AVEZ PEUR DE QUI ? »

Il n'y a pas que dans l'After que certaines expressions passent à la postérité. Le documentaire *Les yeux dans les Bleus*, question petites phrases, c'était une mine d'or. Tu te souviens de toutes ?

**LILIAN THURAM**

❶ « Le but suprême de l'équipe de France, c'est d'avoir une sélection, de toucher les .................................... »

**AIMÉ JACQUET**

❷ « Utile pour l'équipe. Efficace. Attaquant. Et venez pas ............................... . »

**AIMÉ JACQUET**

❸ « Vous m'avez écouté vous critiquer ? Jamais. Respect total des .......................... . J'ai un respect total des .......................... parce que j'étais incapable d'être un ................. . »

**CHRISTOPHE DUGARRY**

❹ « Quand je marque, j'ai de la joie et de la .............................. . »

**AIMÉ JACQUET**

❺ « ................. c'est pas Zizou, ................. c'est pas Zizou, ................. là c'est pas Zizou. »

**AIMÉ JACQUET**

❻ « Muscle ton jeu, Robert... Si tu ne muscles pas ton jeu, fais attention... Je t'assure, tu vas voir. Tu vas avoir des ................. parce que t'es trop .......................... »

## SANG ET OR… ET GRENAT

Le RC Lens du « druide » Daniel Leclercq est champion de France. Mais que ce fut serré avec Metz, qui termine avec le même nombre de points, mais s'incline à la différence de buts. Alors hommage aux deux clubs dans ces charades des joueurs des deux équipes de la saison 1997-98.

**1**

**Nous cherchons un Lensois**
On boit dans mon premier
On vole grâce à mon second

Je suis ................................

**2**

**Nous cherchons un Messin**
Mon premier est un cimetière automobile
Mon deuxième est le chiffre 10 en anglais
Mon troisième signifie allemand en allemand

Je suis ................................

**3**

**Nous cherchons un Lensois**
Mon premier est une technologie décriée dans l'After
Mon second est l'inspiratrice d'un artiste

Je suis ................................

**4**

**Nous cherchons un Lensois**
Mon premier introduit une condition
Mon second est normalement sain dans un esprit sain
Mon troisième quitte le navire quand ça va mal

Je suis ................................

**5**

**Nous cherchons un Messin**
Mon premier et mon tout est une chanson anglaise

Je suis ................................

## CHAMPIONS DU MONDE

Retrouve les clubs par lesquels sont passés nos premiers champions du monde.

| | | |
|---|---|---|
| Christophe Dugarry | 1 ........................ | West Ham |
| Fabien Barthez | 2 ........................ | Milan AC |
| Bernard Lama | 3 ........................ | Espanyol Barcelone |
| Laurent Blanc | 4 ........................ | Toulouse |
| Vincent Candela | 5 ........................ | Liverpool |
| Bixente Lizarazu | 6 ........................ | Birmingham City |
| Didier Deschamps | 7 ........................ | Blackburn Rovers |
| Youri Djorkaeff | 8 ........................ | Athletic Bilbao |
| Alain Boghossian | 9 ........................ | Valence CF |
| Patrick Vieira | 10 ........................ | Naples |
| Bernard Diomède | 11 ........................ | Bolton Wanderers |

## FOOTIX ?

Et 1, et 2, et 3-0,
*« Après ça, on peut mourir tranquille »*…
La Coupe du Monde 1998, tu connais par cœur. Mais est-ce que tu suivais vraiment le foot ? Si tu fais moins de 3/5, on t'a reconnu : t'es un Footix.

1. Pour la seule fois de l'histoire, un promu, qui compte Michael Ballack dans ses rangs, remporte la Bundesliga. Lequel ?

   ..........................................

2. Un Brésilien devient le transfert le plus cher de l'histoire en signant pour 32 millions d'euros en Liga. Mais ni au Barça, ni au Real. De qui s'agit-il ?

   ..........................................

3. Quel club, qui a formé Zinédine Zidane, Patrick Vieira et Johan Micoud, est relégué cette année-là et n'est jamais remonté en première division ?

   ..........................................

4. Le championnat de France est départagé à la différence de buts entre Lens et Metz. Mais quel Français termine meilleur buteur ?

   ..........................................

5. Un gardien français rejoint la Serie A et se classe dans le top 20 des transferts les plus chers de l'année. De qui s'agit-il ?

   ..........................................

# 2000

# GILBERT EN AUSTRALIE

« C'est en Australie que j'ai rencontré Daniel. Nos journées de reportage se terminaient souvent à la plage. C'est là que nous avons eu l'idée d'inventer une émission de foot au concept révolutionnaire. »

## 1 TREZEGUET, TREZEGUET, TREZEGUET… ON PEUT EXISTER, NOUS AUSSI ?

Trezeguet qui court torse nu vers Roger Lemerre après son but en or en finale de l'Euro, ça, on se souvient… Mais ce que les Footix connaissent moins, c'est le titre de champion de Serie A de Sven-Goran Eriksson avec la Lazio. L'effectif était incroyable. Saurais-tu retrouver ses joueurs ?

1. Champion du monde 2006, j'ai aussi été le pilier de la défense du Milan d'Ancelotti avec Maldini.
2. Star de la République tchèque, je suis devenu par la suite dirigeant à la Juventus.
3. Reconverti coach en Liga, j'ai perdu deux finales de Ligue des Champions.
4. Je suis considéré comme un des meilleurs joueurs de l'histoire du Chili et j'ai remporté trois fois la Serie A.
5. J'ai gagné la Ligue des Champions avec l'OM en 1993, année où je finis meilleur buteur de D1.
6. J'étais le coach de la Squadra Azzurra lors de l'Euro 2020 remporté par l'Italie.
7. Surnommé « Plume blanche » pour mes cheveux, je suis l'auteur de la plus célèbre simulation du championnat de France lors d'un classico.
8. Milieu argentin, j'ai brillé en Italie avant de devenir le joueur le plus cher de Premier League. Mais mon passage en Angleterre a été un flop.
9. Mon grand frère a eu une meilleure carrière de joueur mais il semblerait que je sois un bien meilleur coach.

## 2 SHUTTLE

Les Anglais n'ont pas attendu d'avoir les poches pleines pour acheter nos joueurs. La saison 1999-2000 marque un premier exode important de joueurs français vers la Premier League. Dans quels clubs ?

1. Éric Roy
2. Didier Deschamps
3. Xavier Gravelaine
4. Mikaël Silvestre
5. Alain Goma
6. Thierry Henry

- Chelsea
- Newcastle
- Sunderland
- Manchester United
- Arsenal
- Watford

## LES 5 ERREURS DE ZAVEN

Retrouve les 5 erreurs que Zaven a glissées dans son dessin du safari de Gilbert.
Et ne viens pas nous dire que tu ne trouves pas parce que tu n'es jamais allé en Australie !

# 2001

# CHILAVERT, CE HÉROS

« Quel charisme ! Le gardien aux 68 buts marqués joue à Strasbourg. En finale de la Coupe de France, il arrête un tir au but amiénois et inscrit lui-même celui de la victoire. La classe. »

## STRASBOURG POUR LES NULS

Chilavert et Liénard, ça te parle.
Mais le RC Strasbourg, tu connais vraiment ?

1. Pour son 1er match officiel en 1906, Strasbourg affronte le FC Germania. Menés 7-0 à la mi-temps sans avoir jamais passé la ligne médiane, les Strasbourgeois abandonnent.
   ☐ vrai ☐ faux

2. Une cigogne, la cathédrale de Strasbourg et Gilbert Brisbois sont représentés sur le logo du Racing.
   ☐ vrai ☐ faux

3. En 1988, le président Daniel Hechter recrute Edivaldo Oliveira Chaves, dit « Pita », qu'il annonce comme le nouveau Pelé. Ce fut un flop.
   ☐ vrai ☐ faux

4. Le défenseur Walter Bretzel est champion de France avec Strasbourg en 1979.
   ☐ vrai ☐ faux

5. Lors du seul titre de champion de France de Strasbourg en 1979, le défenseur Arsène Wenger ne joue qu'une seule rencontre.
   ☐ vrai ☐ faux

6. Le Racing a remporté le championnat de Dordogne en 1940.
   ☐ vrai ☐ faux

7. Le meilleur buteur de l'histoire du club est Oskar Rohr, le grand-oncle de Gernot Rohr.
   ☐ vrai ☐ faux

8. José Luis Chilavert a dit : « *J'ai joué des Coupes du Monde, j'ai joué en Argentine, au Paraguay, en Uruguay. Mais croyez-moi, la meilleure ambiance que j'ai connue, c'est celle de la Meinau.* »
   ☐ vrai ☐ faux

## 2 DERNIER REMPART

OK, il n'y a pas que Sels, Chilavert et Vencel dans la vie… Sauras-tu répondre à ces questions sur les gardiens ?

1. Qui détient, avec 176 sélections nationales, le record pour un gardien ?

................................

2. Quel gardien de Liverpool tentait de déconcentrer ses adversaires lors des penalties et tirs au but en titubant sur sa ligne ?

................................

3. Quel gardien détient le record du nombre de matchs disputés en 1re division française ?

................................

4. Quel autre gardien est 2e, juste derrière lui ?

................................

5. Quel gardien de but détient le record de matchs joués en Coupe du Monde ?

................................

6. *« Un gardien ne doit pas être capitaine ! »* Quel consultant de RMC répète cette phrase depuis… longtemps ?

................................

7. *« Les gardiens allemands, c'est des gardiens de hand ! Ils captent pas un ballon ! »* Quel membre de l'After répète cette phrase depuis… longtemps ?

................................

8. *« Je me suis écrit une lettre hier soir. Histoire de voir comment va la vie pour moi… »* C'est le début de la chanson « Soli Solitude ». Quel gardien la chante dans les années 1980 ?

................................

9. Avec 132 buts inscrits entre 1992 et 2015, quel est le meilleur gardien-buteur de l'histoire ?

................................

10. Quel ancien gardien strasbourgeois a connu 5 relégations en Ligue 2, dont 2 avec le club alsacien en 2006 et 2008 ?

................................

11. Quel ancien gardien emblématique d'Everton était atteint du syndrome de la Tourette ?

................................

12. Quel gardien de L1 a établi le record de 307 matchs d'affilée joués avec son club entre 1998 et 2006 ?

................................

13. Qu'est-ce que le trophée « Zamora » en Liga ?

................................

14. La règle de la passe en retrait au gardien qui peut s'emparer du ballon avec les mains disparaît lors de cette grande compétition. Laquelle ?

................................

## 3 MERCATO CHAUD

Le 9 juillet, Zinédine Zidane est transféré de la Juventus au Real Madrid pour 75 millions d'euros. Un record en 2001, dépassé 40 fois depuis ! Les 12 plus gros transferts de l'histoire, tu les as ?

1. Neymar (PSG) .................. M€
2. Kylian Mbappé (PSG) ........... M€
3. ................ (...........) 135 M€
4. ................ (...........) 135 M€
5. .................. (Atlético) 127 M€
6. .................. (Chelsea) 121 M€
7. ..................... (Barça) 120 M€
8. ................ (Man City) 117 M€
9. ................. (Juventus) 117 M€
10. ................. (Arsenal) 116 M€
11. ................. (Chelsea) 116 M€
12. ............ (Real Madrid) 115 M€

# 2002

# LE SÉNÉGAL SORT NOS VIEUX

« Croyez-moi ou pas, quelques semaines plus tôt, à la cantine de Radio France, j'avais expliqué à des collègues pourquoi les Bleus se feraient sortir au premier tour. J'avais décrit les 3 matchs. Une sorte de voyant. Ils m'avaient tous pris pour un débile. »

## BUTEURS ÉCLAIRS

En 2002, l'attaquant turc Hakan Sükür inscrit le but le plus rapide de l'histoire de la Coupe du Monde face à la Corée du Sud, en 11 secondes. Ces autres « buteurs-éclairs », tu les as ?

1. En 8 secondes, ils sont les buteurs plus rapides de l'histoire de la 1re division française :

   .................................... (Caen-Cannes, saison 1991-1992)

   .................................... (Lille-PSG, saison 2022-2023)

2. En 10 secondes, il est le buteur le plus rapide de l'histoire de la Ligue des Champions :

   .................................... (Bayern Munich-Real Madrid, 7 mars 2006)

3. En 37 secondes, il est le buteur le plus rapide de l'histoire des Bleus en Coupe du Monde :

   .................................... (France-Italie, Coupe du Monde 1978)

4. En 7 secondes, il est l'auteur du but le plus rapide encaissé par l'équipe de France dans son histoire :

   .................................... (France-Allemagne amical, 23 mars 2024)

5. En 27 secondes, il est l'auteur du but le plus rapide encaissé par l'équipe de France en Coupe du Monde :

   .................................... (Angleterre-France, Coupe du Monde 1982)

2

## FIASCO

On ne peut pas t'en vouloir d'avoir cherché à oublier le magnifique parcours des Bleus à la Coupe du Monde 2002. Essaye quand même de faire un effort !

1. Les Bleus sont champions du Monde et d'Europe en titre et s'avancent logiquement comme favoris de la compétition. À tel point qu'Adidas avait déjà produit quantité de maillots ............................, prêts à être commercialisés.
2. La veille de leur départ en Asie, les Bleus accueillent la Belgique au Stade de France. ...................... avoue ne connaître aucun joueur adverse. Défaite 2-1.
3. Il y a ..... champions du monde 1998 dans la liste de Roger Lemerre. En attaque, ....................., ...................... et .................... sont les tout frais meilleurs buteurs de Premier League, Serie A et Ligue 1.
4. Pour leur dernier match de préparation, Zinédine Zidane se blesse contre la ...........................
5. Lors du 1er match, le Sénégal assomme les Tricolores. Défaite 1-0 sur un but de ..........................
6. Quelques jours plus tard, ................. est exclu pour un tacle en retard après 25 minutes face à ................., match clos sur le score de ...........
7. Malgré le retour de Zidane, le ................ achève les Bleus lors du 3e match de poule.
8. Bilan : 1 point, et zéro but marqué. La 2e étoile, ce sera pour plus tard.

3

## ET À LA FIN, C'EST LE BRÉSIL QUI GAGNE

La coiffure et les deux buts de Ronaldo, la boulette d'Oliver Kahn… de tout ça, tu te souviens. Et du reste ? Trouve le nom de ces joueurs qui ont démarré la finale Allemagne-Brésil.

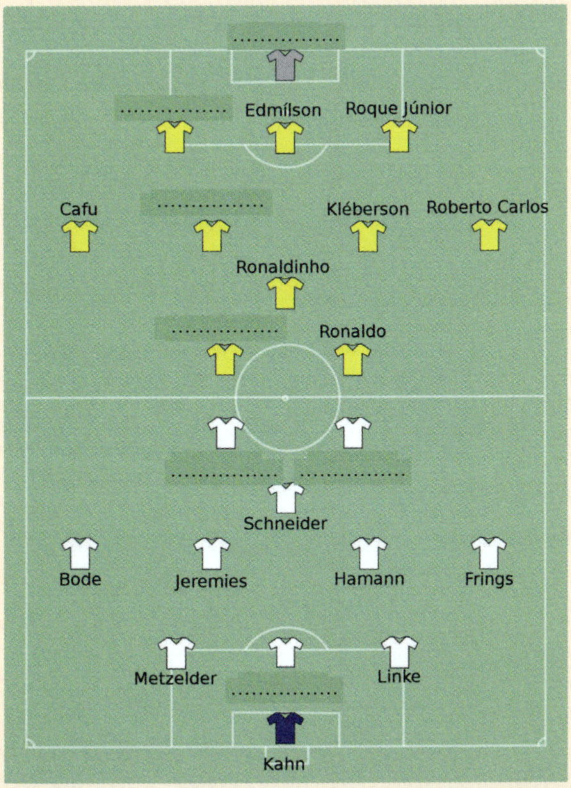


4

## PROPHÈTES ET CHARLATANS

Après la vision de Daniel en 2002, eux aussi ont tenté leur chance. Avec plus ou moins de réussite…

1. Quel poète français a dit en 2012 : *« Pour moi, Anthony Le Tallec est un des plus grands joueurs du monde. Vous allez voir, il va exploser complètement… »* La fameuse bombe à retardement…

   ....................................

2. Lors de l'Euro 2004, ce joueur a le privilège de suivre à la télé le quart de finale Suède-Pays-Bas en compagnie de Gilbert Brisbois à l'hôtel des Bleus. Pendant la séance de tirs au but, ce joueur devine tout : côté choisi par le tireur, en force ou en finesse, échec ou réussite… De qui s'agit-il ?

   ....................................

3. Avec 12 bons pronostics sur 14 et un taux de réussite de 85 %, Paul est la star de la Coupe du Monde 2010. Mais qui est Paul ?

   ....................................

4. En 2014, notre « Drôle de Dame » Polo Breitner affirme dans l'After avant le huitième de finale aller de Ligue des Champions Leverkusen-PSG : *« Ce que je peux vous garantir, c'est que Paris ne gagnera pas 4-0. »* Quel fut le score du match ?

   ....................................

# 2004

# L'ANNÉE DE JÉRÔME ROTHEN

« La grande année de Jérôme, le *golden left foot* de Monaco. Le David Beckham français deviendra plus tard un pilier de l'After. Mais il a vraiment joué l'Euro cette année-là ? »

## 1 « FILE-LUI SES 30 000, C'EST UN CON »

En 2004, Jérôme Rothen est transféré au PSG. Mais combien ça vaut, une telle patte gauche ? Me dis pas que c'est moins cher que Verratti ! Classe ces recrues du PSG de la plus chère à la moins chère (sans les bonus !).

EN M€

| | |
|---|---|
| Ronaldinho ........... | Okocha ........... |
| Rothen ........... | La doublette Everton-Souza ....... |
| Draxler ........... | Berchiche ........... |
| Kolo Muani ........... | Hakimi ........... |
| Ménez ........... | Lucas Moura ......... |
| Verratti ............ | Krychowiak ......... |
| Jesé ............ | Icardi ......... |
| Anelka ............ | |

12.4 · 50 · 30 · 8 · 60 · 16 · 34.5 · 40 · 5 · 12 · 36 · 75 · 6 · 25 · 11

## 2 JR 25

Jérôme Rothen, on l'a formé dans l'After. Puis il a pris son envol et anime désormais « Rothen s'enflamme » sur RMC. Es-tu incollable sur sa vie, son œuvre ?

1. Il n'a pas joué une minute à l'Euro 2004
☐ vrai ☐ faux
2. Il a gagné autant de Coupes de la Ligue que Neymar
☐ vrai ☐ faux
3. Il a gagné une Coupe d'Europe
☐ vrai ☐ faux
4. Au bac, il a eu 18 à l'oral en allemand
☐ vrai ☐ faux
5. Il aurait pu signer au Real Madrid mais il a préféré rejoindre Monaco qui lui proposait un transfert immédiat
☐ vrai ☐ faux
6. Il a eu Roger Lemerre comme coach en club
☐ vrai ☐ faux
7. Il n'a jamais pris de carton rouge direct
☐ vrai ☐ faux
8. Il a dû raser ses mèches blondes pour signer aux Glasgow Rangers
☐ vrai ☐ faux
9. Il a remporté la Ligue 2 mais pas la Ligue 1
☐ vrai ☐ faux
10. Ses deuxièmes prénoms sont Vahid et Zinédine
☐ vrai ☐ faux

## TONNERRE DE ZEUS

À la surprise générale, la Grèce remporte l'Euro 2004 et fait pleurer le Portugal. Mais connais-tu ta Grèce antique ?

1. Lequel de ces trois anciens joueurs s'est inventé un grand-père grec pour jouer à l'Olympiakos dans les années 80 ?
   - ☐ Maxime Bossis
   - ☐ Loïc Amisse
   - ☐ Rolland Courbis

2. Lequel de ces anciens entraîneurs de Strasbourg était franco-grec ?
   - ☐ Gilbert Gress
   - ☐ Jean-Noël Huck
   - ☐ René Girard

3. L'un des frères de la légende brésilienne Socrates porte le nom d'un auteur grec. Lequel ?
   - ☐ Aristote
   - ☐ Sophocle
   - ☐ Zénon

4. Lequel de ces trois noms est celui d'un ancien international grec ?
   - ☐ Kofidis
   - ☐ Palatinis
   - ☐ Lydias

5. Dans les années 80-90, un gardien de l'AEK Athènes était réputé pour ses réflexes de félin. Comment s'appelait-il ?
   - ☐ Hervé Mathoux
   - ☐ Antonis Minou
   - ☐ Bernard Minet

## CRÈME ANGLAISE RENVERSÉE

Un soir de juillet à Lisbonne, Jérôme Rothen assiste depuis le banc à l'un des matchs des Bleus les plus renversants : une victoire à l'arrachée 2-1 contre les Anglais. Retrouve le 11 des deux équipes, le coach des Bleus et le score. Les lettres restantes formeront le nom du héros de la soirée.

| | | | | | | | | | | | |
|---|---|---|---|---|---|---|---|---|---|---|---|
| G | A | L | L | A | S | A | N | T | I | N | I |
| T | E | A | S | T | H | U | R | A | M | U | N |
| Z | R | R | B | E | L | L | I | V | E | N | D |
| I | E | E | R | A | M | A | H | K | C | E | B |
| L | L | I | Z | A | R | A | Z | U | U | O | N |
| L | O | V | I | E | R | T | J | X | W | D | E |
| E | C | G | D | P | G | D | H | E | N | R | Y |
| B | D | N | A | I | I | U | N | E | N | A | E |
| P | E | I | N | Z | I | R | E | D | Z | P | N |
| M | A | K | E | L | E | L | E | T | A | M | O |
| A | N | S | E | L | O | H | C | S | E | A | O |
| C | S | I | L | V | E | S | T | R | E | L | R |

## LES INVINCIBLES

Il n'y a pas que Rothen en 2004 ! Thierry Henry est au sommet en Angleterre et les Gunners d'Arsenal remportent la Premier League en restant invaincus. Parmi ces « Invincibles » de la saison 2003-2004 se cachent 6 intrus. Trouve-les !

| | | |
|---|---|---|
| 1 Ljungberg | 2 Gilberto Silva | 3 K. Touré |
| 4 Seaman | 5 Clichy | 6 Reyes |
| 7 Adams | 8 Bergkamp | 9 Cygan |
| 10 Lehmann | 11 Kanu | 12 Overmars |
| 13 Henry | 14 Keown | 15 Campbell |
| 16 Wiltord | 17 Grimandi | 18 Lauren |
| 19 Aliadière | 20 Sagna | 21 Edu |
| 22 A. Cole | 23 Diaby | 24 Pirès |
| 25 Parlour | 26 Vieira | |

# 2006

# CRÉATION DE L'AFTER

« La vraie date de naissance de l'After, c'est le 4 avril 2006. Riolo + Gautreau + Brisbois, le soir de l'élimination de Lyon à Milan. 18 ans plus tard, nous avons malheureusement vécu plus d'échecs que de succès des clubs français. »

## SAMBA BLEUE

Huit ans après leur victoire de 1998, les Bleus sont à nouveau les bourreaux du Brésil en quart de finale de la Coupe du Monde 2006.
Mais connais-tu tous les buteurs et passeurs décisifs français face au Brésil depuis 1958 en Coupe du Monde ?

**1 1958 : France 2 - 5 Brésil**

1er but : ..................

2e but : .................. /..................

**2 1986 : France 1 - 1 Brésil (4-3 t.a.b.)**

But : .................... /....................

**3 1998 : France 3 - 0 Brésil**

1er but : .................. /..................

2e but : .................. /..................

3e but : .................. /..................

**4 2006 : France 1 - 0 Brésil**

But : .................... /....................

## 2

# LE PREMIER « MATCH » DE L'AFTER

Le quart de finale retour de Ligue des Champions entre l'AC Milan et Lyon est donc le premier match analysé par l'After, le 4 avril 2006. Te souviens-tu du match ?

**1 Quel est le score du match ?**
- ☐ 2-1
- ☐ 3-1
- ☐ 3-2

**2 Quel Milanais inscrit un doublé ?**
- ☐ Chevtchenko
- ☐ Pulisic
- ☐ Inzaghi

**3 Quel programme avez-vous choisi après le match ?**
- ☐ *Le Droit de Savoir* sur TF1, avec Charles Villeneuve
- ☐ *L'After* sur RMC, avec Gilbert Brisbois, Daniel Riolo et Florent Gautreau
- ☐ *Soir 3* sur France 3, présenté par Marie Drucker

**4 Quels joueurs portaient le numéro 20 ?**
- ☐ Seedorf et Abidal
- ☐ Juninho et Gattuso
- ☐ Caqueret et Kalulu

**5 Quels joueurs portaient le numéro 22 ?**
- ☐ Caçapa et Nesta
- ☐ Giroud et Lacazette
- ☐ Kaka et Wiltord

**6 Quel Ballon d'Or est resté sur le banc à l'aller et au retour ?**
- ☐ Kaka
- ☐ Benzema
- ☐ Van Basten

## 3

# CAPTAIN FANTASTIC

Les Français ont pleuré en voyant le capitaine italien Fabio Cannavaro soulever la Coupe du Monde. Retrouve les capitaines champions du monde depuis 50 ans.

1. 1974 F☐☐☐☐ B☐☐☐☐☐☐☐☐☐☐ (RFA)
2. 1978 D☐☐☐☐☐ P☐☐☐☐☐☐☐☐☐ (Argentine)
3. 1982 D☐☐☐ Z☐☐☐ (Italie)
4. 1986 D☐☐☐☐ M☐☐☐☐☐☐ (Argentine)
5. 1990 L☐☐☐☐☐ M☐☐☐☐☐☐☐ (Allemagne)
6. 1994 D☐☐☐☐ (Brésil)
7. 1998 D☐☐☐☐☐ D☐☐☐☐☐☐☐☐ (France)
8. 2002 C☐☐☐ (Brésil)
9. 2006 F☐☐☐☐ C☐☐☐☐☐☐☐☐ (Italie)
10. 2010 I☐☐☐ C☐☐☐☐☐☐☐ (Espagne)
11. 2014 P☐☐☐☐☐☐ L☐☐☐ (Allemagne)
12. 2018 H☐☐☐ L☐☐☐☐☐ (France)
13. 2022 L☐☐☐☐☐ M☐☐☐☐ (Argentine)

## 4

# FOOTBALL SHOWS

L'After est né en 2006. Retrouve les années de création de ces autres émissions de football.

| | |
|---|---|
| 1 TÉLÉFOOT | A 1964 |
| 2 MATCH OF THE DAY | B 1992 |
| 3 CHIRINGUITO | C 1977 |
| 4 JOUR DE FOOT | D 2001 |
| 5 L'ÉQUIPE DU DIMANCHE | E 1990 |
| 6 ON REFAIT LE MATCH | F 1959 |
| 7 TUTTO IL CALCIO | G 2014 |

# 2007

# LYON DOMINE LA FRANCE

« On parle de l'OL sans arrêt. C'est le club phare. L'After et l'OL se marient. Aulas devient notre meilleur ami pour la vie ! Vous rigolez, mais malgré toutes nos disputes, je ne pourrais jamais ne pas l'aimer. »

## 1 VOYOU !

L'After et Jean-Michel Aulas, c'est une longue histoire d'amour née en 2006... La preuve par l'exemple. Nous sommes le 21 novembre 2021. Le Marseillais Dimitri Payet est touché par une bouteille d'eau lancée depuis les tribunes du Groupama Stadium de Lyon. Match interrompu puis arrêté... L'After décrit et interprète l'évolution de la situation. JMA s'invite à l'antenne et s'en prend à Daniel Riolo. Pour savoir ce qu'il lui dit, complète les extraits de l'émission à l'aide des propositions ci-dessous.

VOYOU
MENTIR
GRAVISSIME
EXCUSES
PARDONNE
ARGUTIES
TORT
DÉSAGRÉABLE
PERSONNAGE
CHENAPAN
MALHONNÊTES

1. « Je suis en train d'écouter les propos de Daniel et c'est vraiment .................... »
2. « Vous êtes en train de .................... ! »
3. « Ça démontre à l'évidence le .................... que vous êtes, mon cher Daniel ! »
4. « Bah non je ne vous .................... pas ! »
5. « Vous avez des a priori .................... ! »
6. « Je vous démontre que vous avez .................... et vous persistez ! C'est .................... ! »
7. « Je vous demande d'aller voir le préfet et de me présenter vos .................... ! »
8. « Vous êtes un .................... ! »
9. « Vous essayez de vous en sortir par des .................... qui ne tiennent pas la route ! »
10. « Monsieur, vous êtes un .................... ! »

## 2 OLYMPIQUE DO BRAZIL

Tous ces joueurs brésiliens ont joué à l'OL. Mais sous quel nom les connaît-on mieux ?

| CRISTIANO MARQUES GOMES | ANTONIO AUGUSTO RIBEIRO REIS JUNIOR | ANDERSON DA SILVA |
|---|---|---|
| ❶ ................................ | ❷ ................................ | ❸ ................................ |
| **CLAUDIO ROBERTO DA SILVA** | **FREDERICO CHAVES GUEDES** | **LUCAS TOLENTINO COELLA DE LIMA** |
| ❹ ................................ | ❺ ................................ | ❻ ................................ |

## 3 EX-GONES

Retrouve, à l'aide de ces rébus, ces anciens joueurs lyonnais.

❶ ................................

❷ ................................

❸ ................................

❹ ................................

❺ ................................

❻ ................................

❼ ................................

## 4 7 À LA MAISON

3 joueurs ont remporté les 7 titres consécutifs de l'Olympique lyonnais entre 2002 et 2008. Mais qui sont-ils ? Et qui sont les 7 autres joueurs à compter au moins 7 titres de champion de France ?

**9 TITRES**

❶ Entre 2013 et 2023 : ................
❷ Entre 2014 et 2024 : ................

**8 TITRES**

❸ Entre 2015 et 2024 : ................
❹ Entre 2017 et 2024 : ................

**7 TITRES**

❺ Entre 2013 et 2020 : ................
❻ Entre 2002 et 2008 : ................
❼ Entre 2002 et 2008 : ................
❽ Entre 2002 et 2008 : ................
❾ Entre 1967 et 1976 : ................
❿ Entre 1967 et 1976 : ................

# 2008

# DOMENECH PART EN VRILLE

« Euro pourri. Demande en mariage grotesque. Estelle est une amie et ce n'est pas simple de parler des Bleus. Elle ne m'en a jamais voulu. Bravo et immense respect. »

## N'OUBLIEZ PAS LES PAROLES

*« J'ai qu'un seul projet, c'est d'épouser Estelle donc c'est aujourd'hui que je lui demande vraiment. »* Avec cette demande ridicule, Raymond Domenech est entré dans la légende des phrases cultes du football français. À qui appartiennent ces autres saillies mémorables ?

| | |
|---|---|
| 1 | *« J'espère que la routourne va vite tourner... »* |
| 2 | *« I recup the ball, and Memphis give me a good pass, after I shoot and I score. »* |
| 3 | *« Le coach m'a demandé de prendre les intervalles, euh pardon, les intervaux. »* |
| 4 | *« Figo s'entend super bien avec Roberto Carlos sur le terrain parce que le portugais et le brésilien se ressemblent vachement. »* |
| 5 | *« David Ginola a commis un crime contre l'équipe. »* |
| 6 | *« Alors, tu les vois sur le podium ? OK, mais podium des trois ou podium des cinq ? »* |
| 7 | *« Je parle toujours avant de réfléchir. »* |
| 8 | *« Je pense qu'on va pas brûler la peau de l'ours avant de l'avoir vendue. »* |
| 9 | *« Walid, il regarde pas un match de Coupe d'Europe africaine ! »* |
| 10 | *« Il ne faut pas mettre la charrue avant les pneus. »* |
| 11 | *« Allez mon petit bonhomme... Ouaiiiis mon petit bonhomme, bravo ! »* |

| |
|---|
| Nicolas Fauvergue |
| Jérôme Rothen |
| Daniel Riolo |
| Luis Fernandez |
| Abdeslam Ouaddou |
| Thierry Roland |
| Nabil Fekir |
| Franck Ribéry |
| Zinédine Zidane |
| Matt Moussilou |
| Gérard Houllier |

## 2

# BREDOUILLES

Avec 7 titres d'affilée, il fut un temps où signer à l'OL était l'assurance d'ajouter une ligne à son palmarès. Entoure dans cette liste les 7 joueurs qui n'ont pourtant jamais été champions avec l'OL.

1. Pierre-Alain Frau
2. Miralem Pjanic
3. Hugo Lloris
4. Mathieu Bodmer
5. Vikash Dhorasoo
6. Florian Maurice
7. Ludovic Giuly
8. Hatem Ben Arfa
9. Milan Baroš
10. Giovane Élber
11. Bafétimbi Gomis
12. Fabio Grosso
13. Peguy Luyindula
14. Michel Bastos
15. Pierre Laigle
16. Nabil Fekir
17. Loïc Rémy
18. Tony Vairelles

## 3

# CACHE-CACHE LYONNAIS

Retrouve dans la grille les noms de joueurs lyonnais de toutes les générations. Les lettres non utilisées te dévoileront un ami de l'After.

Amoros, Anselmini, Aouar, Balmont, Barcola, Baros, Bedimo, Benzema, Bréchet, Cris, Depay, Diomandé

| | | | | | | | | | | |
|---|---|---|---|---|---|---|---|---|---|---|
| J | B | E | D | I | M | O | B | G | E | A |
| Y | F | A | T | E | H | C | E | R | B | A |
| A | M | O | R | O | S | N | N | N | N | A |
| P | E | E | E | C | E | J | Z | S | T | E |
| E | D | E | R | S | O | N | E | E | R | Y |
| D | N | M | I | B | A | L | M | O | N | T |
| I | A | O | A | E | M | L | A | R | I | T |
| C | M | R | E | I | O | R | A | G | L | O |
| H | O | N | N | P | T | U | A | E | M | G |
| S | I | I | E | L | O | N | A | U | A | N |
| L | D | Z | A | A | A | S | S | I | R | C |

Ederson, Foé, Génésio, Job, Lopez, N'Gotty, Née, Nilmar, Olmeta, Rémy, Tigana, Traoré

## 4

# CENTENARIO

Longtemps placée, rarement gagnante… 40 ans après son 1er et unique titre international, l'Espagne remporte l'Euro 2008. Coupe du Monde 2010 et Euro 2012 suivront. L'emblématique gardien et capitaine du triplé Iker Casillas accumule 167 sélections. Peux-tu citer ces autres internationaux espagnols qui comptent au moins 100 matchs avec la Roja ?

1. 180 - S _ _ _ _ _   R _ _ _ _
2. 167 - I K E R   C A S I L L A S
3. 143 - S _ _ _ _ _   B U _ _ _ _ _ _
4. 133 - _ _ V _
5. 131 - A _ _ _ _ _   I _ _ _ _ _ _
6. 126 - A _ _ _ _ _   Z U _ _ _ _ _ _ _ _ _
7. 125 - D _ _ _ _   S I _ _ _
8. 114 - X _ _ _   A _ _ _ _ _
9. 110 - _ _ _ _ _ _ _ _   T O _ _ _ _
10. 110 - C _ _ C   F _ _ _ _ _ _ _ _
11. 102 - _ _ _ L
12. 102 - G _ _ _ _ _   P _ _ _ _

# 2010

# LE CHAOS DE KNYSNA

« L'équipe de France se saborde en mondovision. La honte internationale. Les Afters de cette Coupe du Monde entrent dans la légende. »

## « ET POURTANT, C'ÉTAIT LE JACKPOT, MESSIEURS DAMES »

L'insulte et l'exclusion d'Anelka, la une de *L'Équipe*, la grève des joueurs, le bus… La honte. Qui a prononcé ces phrases au moment du plus grand fiasco du foot français ?

1. *« J'ai fait ma petite enquête, j'y étais pas moi. Nico ne s'est pas adressé directement à Raymond pour lui dire ces mots… Nico est allé dans son coin et il a prononcé ces paroles… »*

   ....................................

2. *« Le problème de l'équipe de France, ce n'est pas Anelka, c'est le traître qui est parmi nous, il faut le dire… Il faut l'éliminer du groupe… »*

   ....................................

3. *« Bien sûr que c'est faux. J'ai aucun problème avec Yoann (Gourcuff)… »*

   ....................................

4. *« Les joueurs ne veulent pas s'entraîner… C'est inacceptable. Dans ces conditions, je démissionne. Je suis écœuré et dégoûté. »*

   ....................................

- Rolland Courbis
- Raymond Domenech
- Jean-Louis Valentin (directeur délégué de la FFF)
- Daniel Riolo
- Roselyne Bachelot (ministre des Sports)
- Jean-Pierre Escalettes (président de la FFF)
- Patrice Evra
- Jean-Michel Larqué
- Franck Ribéry

5. *« Cette bande de nazes… Ils ne se rendent pas compte à quel point ils rendent tristes des milliers de personnes en France. Ces gens-là sont déconnectés. Y compris le président ! »*

   ....................................

6. *« Il faut dégager tout le monde ! »*

   ....................................

7. *« Nous sommes des clowns ! »*

   ....................................

8. *« Par ce communiqué, tous les joueurs de l'équipe de France souhaitent affirmer leur opposition à la décision prise par la FFF… »*

   ....................................

9. *« Des caïds immatures commandent à des gamins apeurés… »*

   ....................................

## LES 5 ERREURS DE ZAVEN

Retrouve les 5 erreurs que Zaven a glissées dans son portrait de Raymond Domenech. Si t'en as pas au moins 3, remonte dans le bus. Si t'en as 5, on t'a reconnu, t'es Robert Duverne !

# 2011 LE CASTING DE L'AFTER

« Pas facile d'intégrer l'After, tant nos auditeurs sont exigeants. Je remercie Carine Galli, Rolland Courbis, Éric Di Meco, Jean-Michel Larqué et tous ceux qui ont fait le succès de l'After. »

## QUI EST QUI ?

Connais-tu vraiment les consultants de l'After ? Rends à chacun l'anecdote qui lui appartient.

1

| | |
|---|---|
| 1 Rolland Courbis | A Il a participé à *The Voice* |
| 2 Lionel Charbonnier | B Daniel Riolo lui a dit : « *Tu ne devrais même pas parler de la Ligue des Champions, tu l'as trop peu jouée !* » |
| 3 Éric Di Meco | C Il a inscrit le 1000e but des Bleus |
| 4 Christophe Dugarry | D Il a manqué plusieurs matchs suite à une chute alors qu'il essayait de monter une étagère pour ses trophées |
| 5 Jean-Michel Larqué | E *Libération* a écrit à son propos : « *Joueur moyen moins mais grand pied gauche* » |
| 6 Frank Lebœuf | F Il n'avait pas « *le pied en porte-manteau* » |
| 7 Emmanuel Petit | G Les chevaux, c'est son dada |
| 8 Jérôme Rothen | H Il a joué dans un film récompensé aux Oscars (*Une merveilleuse histoire du temps*) |
| 9 Grégory Coupet | I Il a joué à l'US Police |

2

## « 1 + 1 = 11 » (JEAN-CLAUDE VAN DAMME)

ÉVIAN → CLERMONT → LENS → METZ → NANTES → HELLAS VÉRONE

À quel joueur, dont le nom est aussi un nombre, ce parcours en clubs appartient-il ?

................................

3

## NOM, PRÉNOM ?

En t'aidant de leurs initiales et de leurs clubs, trouve les 16 joueurs qui ont inscrit au moins 10 buts en Ligue 1 lors de la saison 2010-2011.

LILLE : M.S. 25 buts
□□□□□□ □□□

LORIENT : K.G. 22 buts
□□□□□ □□□□□□□

LYON : L.L. 17 buts
□□□□□□□□ □□□□□

VALENCIENNES : G.P. 17 buts
□□□□□□□ □□□□□

CAEN : Y.E.A. 17 buts
□□□□□□□ □□
□□□□□

MARSEILLE : L.R. 16 buts
□□□□ □□□□

LILLE : G. 15 buts
□□□□□□□□

SOCHAUX : B.I. 15 buts
□□□□□ □□□□□

SOCHAUX : M.M. 15 buts
□□□□□□ □□□□□

PSG : N. 14 buts
□□□□

SAINT-ÉTIENNE : D.P. 13 buts
□□□□□□□ □□□□□

MONACO : C.Y.P. 12 buts
□□□ □□□□□ □□□□

MONTPELLIER : O.G. 12 buts
□□□□□□□ □□□□□□

MARSEILLE : A.A. 11 buts
□□□□□ □□□□

LYON : B. G. 10 buts
□□□□□□□□□ □□□□□

BORDEAUX : A.M. 10 buts
□□□□□□□ □□□□□□□

4

## « LES PETITS MERDEUX DE L'AFTER »

En 2011, de nombreux coachs français font débat dans l'After, d'ailleurs certains continuent encore aujourd'hui. Ça ne plaît pas à tous, et René Girard considère Gilbert Brisbois et Daniel Riolo comme *« les petits merdeux de l'After »*. Mais connais-tu bien la carrière de joueur de ces coachs ?

| | |
|---|---|
| 1 Nice<br>Toulon<br>OL<br>OM<br>Sunderland<br>Troyes<br>Rayo Vallecano<br>Nice | Philippe Montanier |
| 2 LOSC<br>Toulouse<br>Angers<br>Nîmes<br>OM<br>Monza<br>Liaoning Yuandong | Didier Deschamps |
| 3 LOSC<br>Caen<br>Martigues | Alain Casanova |
| 4 Béziers<br>OM<br>Bordeaux<br>Cannes | Claude Puel |
| 5 Monaco | Christophe Galtier |
| 6 Caen<br>Nantes<br>Caen<br>Toulouse<br>Gueugnon<br>Saint-Étienne | Antoine Kombouaré |
| 7 Nantes<br>OM<br>Bordeaux<br>Juventus<br>Chelsea<br>Valence | Rudi Garcia |
| 8 Nîmes<br>Bordeaux | Jean Fernandez |
| 9 Le Havre<br>OM<br>Toulouse | René Girard |
| 10 Nantes<br>Toulon<br>PSG<br>Sion<br>Aberdeen<br>Racing Club de France | Éric Roy |

# 2012

# MONTPELLIER CHAMPION DE FRANCE

« Montpellier devant le PSG ! L'After fête ça place de la Comédie. Ambiance chaotique et jets de bouteilles. Ça part en vrille, mais je suis très heureux et ému pour Loulou Nicollin, un type incroyable. »

## LE 11 DE MAÎTRE RENARD

12 février. Hervé Renard réussit l'exploit de remporter la CAN avec la Zambie. Mais essayons de répondre à la question que tout le monde s'est un jour posée : si Hervé Renard était vraiment un renard, quel serait son 11 de rêve ? Grâce à ces pictogrammes, trouve l'équipe de ces joueurs anciens ou actuels qui ont des noms d'animaux (pour l'un d'eux, c'est son prénom).

1. Gardien : ............................................
2. Défenseur gauche : ....................................
3. Défenseur central : ....................................
4. Défenseur droit : ......................................
5. Milieu gauche : ........................................
6. Milieu central gauche : ...............................
7. Milieu central droit : .................................
8. Milieu droit : ..........................................
9. Attaquant gauche : ....................................
10. Attaquant axial : ......................................
11. Attaquant droit : ......................................

## 2 HÉRAULTS

Louis Nicollin aurait pu dire : tes charades, là, on va s'en occuper... Trouve ces Montpelliérains champions de France en 2012.

**1**

Mon premier est avant FA et SOL
Mon deuxième est un taxi anglais
Mon troisième est le prénom d'une des plus célèbres chanteuses de jazz

................................

**2**

Mon premier est le plus petit des Dalton
Mon deuxième a la cote chez les jeunes
La nuit succède à mon troisième
Mon quatrième écoule les liquides

................................

**3**

Le bébé doit faire mon premier
L'arbitre donne penalty pour mon deuxième
Mon troisième fait 3,14
Mon quatrième n'arrête pas de monter

................................

**4**

On prend le train dans mon premier
Mon deuxième est la partie d'une voile qu'on peut replier pour réduire sa surface
Le poisson ne s'épanouit pas dans mon troisième
Mon quatrième est milieu de terrain au PSG

................................

**5**

Mon premier est synonyme de rapide
Mon second est un club de Turin
Mon troisième est un des plus grands groupes hôteliers au monde

................................

## 3 TOP 50

Tu connais le TOP 50 de l'After, la compilation des meilleures punchlines des footballeurs, entraîneurs, présidents... En 2012, après 6 ans d'existence, l'After a déjà du « pain à moudre »... Retrouve les auteurs de ces 7 phrases (rien n'est inventé !).

1 *« Le futur a montré certaines choses »*
☐ Marty McFly ☐ Willy Sagnol ☐ Claudio Beauvue

2 *« C'est un poste que j'apprécionne »*
☐ Marvin Martin ☐ Camel Meriem ☐ Yoann Gourcuff

3 *« On ne peut pas dire l'inverse et son contraire »*
☐ Frédéric Antonetti ☐ René Girard ☐ Élie Baup

4 *« Il lui a donné les clés du navire »*
☐ Luis Fernandez ☐ Rolland Courbis ☐ Emmanuel Petit

5 *« Je pense que l'équipe qui va recevoir aura peut-être l'avantage à domicile de jouer à la maison »*
☐ Claude Makélélé ☐ Patrick Vieira ☐ Marcel Desailly

6 *« C'est la beauté de ce sport, et du football en particulier »*
☐ Paul Le Guen ☐ Claude Puel ☐ Laurent Blanc

7 Et le doublé pour finir !
*« On va se souder les coudes... On va défendre comme des morts de chien »*
☐ Alain Traoré ☐ Matt Moussilou ☐ Kevin Gameiro

## 4 EURO SCEPTIQUE

L'Euro 2012 ne laisse pas un souvenir impérissable aux supporters des Bleus. La France s'incline en quart de finale face à l'Espagne, futur vainqueur. Didier Deschamps remplace le sélectionneur Laurent Blanc quelques semaines après le tournoi. Complète la liste des 23 de Lolo White à l'Euro.

| NUMÉRO/NOM | | ÉQUIPE |
|---|---|---|
| **Gardiens de but** | | |
| 1 | Hugo Lloris | Olympique lyonnais |
| 16 | Steve Mandanda | Olympique de Marseille |
| 23 | Cédric Carrasso | Girondins de Bordeaux |
| **Défenseurs** | | |
| 2 | ............... | Lille OSC |
| 3 | Patrice Evra | Manchester United |
| 4 | Adil Rami | .................... |
| 5 | ............... | AC Milan |
| 13 | Anthony Réveillère | Olympique lyonnais |
| 21 | ............... | Arsenal FC |
| 22 | ............... | Manchester City |

| NUMÉRO/NOM | | ÉQUIPE |
|---|---|---|
| **Milieux de terrain** | | |
| 6 | Yohan Cabaye | ................. |
| 8 | Mathieu Valbuena | Olympique de Marseille |
| 11 | Samir Nasri | Manchester City |
| 12 | Blaise Matuidi | Paris SG |
| 15 | Florent Malouda | Chelsea FC |
| 17 | ............... | Stade rennais |
| 18 | Alou Diarra | Olympique de Marseille |
| 19 | Marvin Martin | ................. |
| **Attaquants** | | |
| 7 | Franck Ribéry | Bayern Munich |
| 9 | Olivier Giroud | Montpellier HSC |
| 10 | Karim Benzema | Real Madrid |
| 14 | ............... | Paris SG |
| 20 | Hatem Ben Arfa | Newcastle United |

# 2014

# LE BRÉSIL PLEURE

« Ils chialent trop souvent, les Brésiliens. Et puis j'adore cette Allemagne championne du monde haut la main. Notre ami Polo Breitner est content, et moi j'aime Polo. »

## EL LOCO

En juin, Marcelo Bielsa dirige son premier entraînement avec l'OM. « El Loco » ne reste qu'une saison mais marque à jamais les supporters marseillais. Sur cette carte, trouve les autres clubs européens où Bielsa a posé sa glacière (dans l'un d'eux, il n'est resté que 2 jours !)

1. ............................
2. ............................
3. Marseille
4. ............................
5. ............................
6. ............................

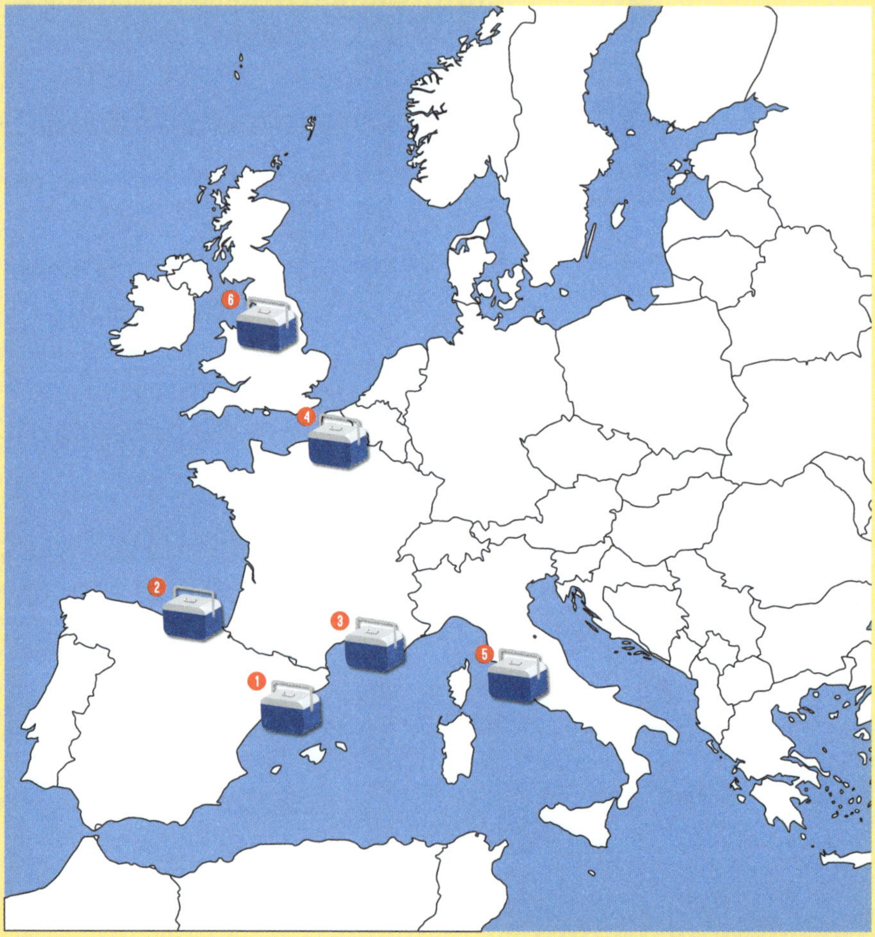

## 2 DECIMA

2014, c'est l'année de la Decima des Merengue après l'incroyable finale face aux voisins de l'Atlético. Teste tes connaissances avec cette grille spéciale Real Madrid.

HORIZONTAL
**1** Titi parisien qui a déçu à Madrid. Le centre d'entraînement du Real en compte un. **2** Destination de Beckham après Madrid. Idole française de Toni Kroos. **3** Pepe l'a souvent été. Galactique anglais. **4** Pays de Galles, Golf, Madrid, dans cet ordre. **5** Quotidien sportif madrilène. Mahamadou ou Lassana. **6** Casillas ou Zamora. Grand 8 allemand (initiales). **7** Là où Benzema a grandi. Muraille belge (initiales). **8** Argentin passé par le Real et le PSG, en bref. Club français tombé deux fois face au Real en quart de C1. **9** Star du Barça pourtant formé à Madrid. Suédois passé par la Real mais pas le Real. **10** Bête noire française du Real dans les années 2000. _ Carlo. _ Iker. **11** Un des plus grands latéraux gauche de l'histoire.

VERTICAL
**A** Il est où David ? Benzema et Kopa l'ont gagné sous le maillot du Real (Abr.) Club français de Morientes et Lucas Silva. **B** Doublure au Real puis au PSG. Association de Zizou. **C** _ Chiringuito. Surnom de Ronaldo, pour ses fans. **D** Soyeux 6 argentin du Real. **E** Adversaire sur FIFA. Seconde passion de Vinicius et Sergio Ramos. **F** Match que le Real joue souvent en Asie ou aux USA. Club ami du Real en France. **G** Enfant à Madrid. **H** Gardien poli. **I** Attaquant vainqueur de la L1 avec Hazard qui se voyait au Real. Aitor Karanka, en bref. _ Bianca. **J** Coach de l'OL qui a battu le Real de Ronaldo en quart de LDC. Ancien sponsor maillot, époque Mijatovic-Karembeu. **K** Âme du club. Et à la fin, c'est le Real qui gagne. 9 pour Benzema, 7 pour Raul (Abr.).

## 3 LA FESSÉE

Et la Seleção s'incline... 7-1 face à l'Allemagne en demi-finale de SON Mondial ! Tout le Brésil pleure. Mais te souviens-tu d'autres raclées mémorables ? Koweït-Bhoutan et Australie-Samoa américaines, on sait que t'as regardé. Et les autres ? Associe ces roustes aux bons matchs. Pour corser le tout, on a ajouté un match de rugby et un match de basket. Oulala ! Que c'est dur !

| | |
|---|---|
| 31-0 | 1 Troyes-PSG |
| 2-7 | 2 Lyon-Dinamo Zagreb |
| 14-0 | 3 Memphis-Oklahoma |
| 7-0 | 4 Australie-Samoa américaines |
| 152-79 | 5 France-Gibraltar |
| 1-7 ⟶ | 6 Brésil-Allemagne |
| 0-9 | 7 Australie-Namibie |
| 7-1 | 8 Guingamp-Nice |
| 142-0 | 9 France-Azerbaïdjan |
| 10-0 | 10 Manchester City-RB Leipzig |

## 4 ET À LA FIN, C'EST L'ALLEMAGNE QUI GAGNE

Barre les 22 titulaires de la finale Allemagne-Argentine, le stade qui a accueilli la rencontre et le buteur sorti du banc. Les lettres restantes te donneront les équipes et le score de la petite finale.

| | | | | | | | | | | |
|---|---|---|---|---|---|---|---|---|---|---|
| R | O | N | A | R | E | H | C | S | A | M |
| O | Y | M | A | E | M | P | A | Y | N | D |
| M | A | H | I | G | U | A | I | N | A | E |
| E | R | A | L | I | L | S | Z | I | C | M |
| R | A | L | G | E | L | B | Z | Z | A | I |
| O | G | A | I | T | E | O | E | A | R | C |
| S | N | S | B | S | R | S | V | B | A | H |
| R | E | U | E | N | S | L | A | A | M | E |
| B | T | D | R | I | R | E | L | L | E | L |
| E | A | S | E | E | I | M | M | E | G | I |
| S | O | L | M | W | R | M | T | T | O | S |
| O | B | A | R | H | O | U | O | A | T | I |
| L | R | S | Z | C | J | H | E | R | Z | O |
| K | R | O | O | S | O | Z | E | R | E | P |

# 2016

# EDER NOUS PLANTE

« Au tour de Nicolas Vilas d'être heureux ! Mais tous les Portugais de mon quartier m'en veulent quand je dis que le jeu de la Seleção est dégueulasse. Je le vis mal, car j'ai toujours défendu le foot de ce pays. »

## SOUVIENS-TOI DE L'EURO 2016

Huit ans déjà que les Bleus ont échoué en finale de l'Euro face au Portugal… à un poteau de Gignac…
Remets les lettres dans l'ordre pour trouver les réponses.

❶ Il a été élu meilleur jeune de l'Euro 2016

TAOERN EAHSSNC

...............................................

❷ Ces deux pays ont participé à leur premier Euro

ELANAIB ET NLDSIAE

...............................................

❸ En match d'ouverture, ils ont inscrit les deux buts des Bleus face à la Roumanie

IVRLIOE RUIGDO ET RIIIMDT AEPTY

...............................................

❹ Il a terminé meilleur buteur de la compétition

NINAOET NNZRGIAEM

...............................................

❺ Il a été choisi par les fans face à Goalix ou Driblou comme mascotte de l'Euro

UREPS CIORVT

...............................................

❻ L'Angleterre déçoit dès les huitièmes de finale malgré Rooney, Kane et Sterling. Mais au fait, c'était qui le coach des *Three Lions* ?

YOR NDGOOHS

...............................................

❼ Plus dur… En huitième, le Portugal se qualifie de justesse après un tir au but raté d'un joueur polonais de Dortmund. Son nom ?

AKJBU KŁSZKOBZAISCYW

...............................................

## 2 SO BRITISH

Tu écoutes religieusement notre « Drôle de Dame » anglaise Julien Laurens dans l'After ? Ces mots croisés sont faits pour toi.

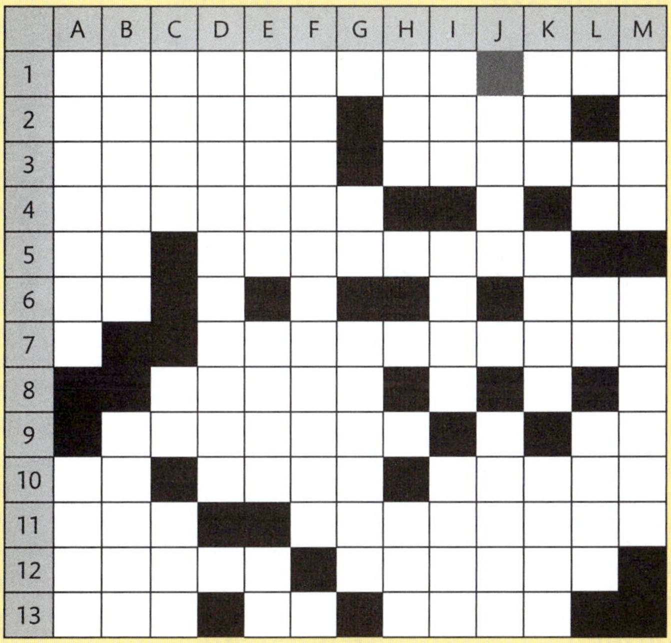

HORIZONTAL

**1** Flop français de Sunderland. International norvégien de PL bien avant Haaland. **2** Coach en PL passé par le PSG. Émile ou Gianfranco. **3** Gardien historique des Gunners. International suédois formé à Man U. **4** Meilleur joueur de la CDM 94. Club de L1 vainqueur de Man City en quart de LDC. **5** Compétition gagnée par Mourinho avec Man U. Compère de Henry sur la chaîne CBS. **6** Français qui a signé à Arsenal à 17 ans en 97 (initales). Club français qu'ont connu Cantona et Blanc avant Man U. **7** Ancien international anglais et cadre du Bayern. **8** Coach vainqueur de l'EL avec Chelsea. **9** Seul coach français de Tottenham. Salut, à Londres. **10** Demba ou Ibrahim. Meneur de jeu portugais qui a déçu à Chelsea. Fish & Chips ou Beef Wellington. **11** Prénom de Wissa. Père et fils ont joué en PL. **12** International français passé par le Championship. British, par exemple. **13** On peut en boire dans les stades anglais. MT (mi-temps) à Londres. Gardien des Cottagers.

VERTICAL

**A** Arsenal, désordonné. George, le meilleur. **B** Gardien marteau. Red Mo. **C** Ancienne muraille néerlandaise de Man U. Gardien des Loups (José). Petit nom du bourreau de RKM (en verlan). **D** Ancien Français de Fulham. **E** Console de jeux Striker et Kick Off. Chaîne qui n'achètera jamais les droits de la PL. Oh _ Cantona ! **F** Deux vainqueurs de la LDC 2008 avec Man U. **G** _ My Goal. Icône française de la PL. **H** Jeune meneur de jeu des Eagles. LDC pour les Anglais. **I** Clé ou Campbell. Harrison de Fulham. A coûté 120 M à Arsenal. **J** Eng _ Nombre de championnats gagnés par Aston Villa. **K** Supporter. Arrêt du gardien, à Londres. Kane a envoyé le sien dans le ciel. **L** Coup d'envoi, à Leeds. Initiales d'Evans (Man U). Gardien anglais qui a du cœur. **M** Quand le ballon n'est pas rond en Angleterre. Passe décisive, à Manchester.

## 3 FRENCH TOUCH

2016, c'est aussi l'incroyable année du Leicester de Ranieri, vainqueur de la Premier League.
Parmi les coachs français, seul Arsène Wenger est parvenu à remporter le championnat d'Angleterre. Mais sur quels bancs se sont assis les autres entraîneurs tricolores ? Associe les Frenchies à leur club.

| | |
|---|---|
| Jean Tigana | Arsenal |
| Gérard Houllier | Aston Villa |
| Philippe Montanier | Tottenham |
| Claude Puel | Watford |
| Jacques Santini | Fulham |
| Alain Perrin | Nottingham Forest |
| Rémi Garde | Portsmouth |
| Valérien Ismaël | Southampton |
| Arsène Wenger | Liverpool |

## 4 CANNIBALE

L'attaquant du Barça Luis Suarez termine « Pichichi » de Liga avec 40 buts. L'autre spécialité de l'Uruguayen ? La morsure. Qui a-t-il mordu entre 2010 et 2014 sous les maillots de l'Ajax, de Liverpool et de l'Uruguay ? On te donne la première réponse pour te faire les dents…

Ajax Amsterdam-PSV Eindhoven, Eredivisie, novembre 2010 :
**Otman Bakkal**

Liverpool-Chelsea, Premier League, avril 2013 :

❶ ............................

Italie-Uruguay, Coupe du Monde 2014 :

❷ ............................

# 2017

# MONACO EN DEMI-FINALE DE LA LIGUE DES CHAMPIONS

« La France découvre Kylian Mbappé, qui deviendra un personnage incontournable de l'After. Il rejoint Aulas, Verratti, Domenech et Neymar dans notre panthéon. »

## NEY, RONNIE, MARQUI

C'est toujours le transfert le plus onéreux de l'histoire du foot : le 3 août 2007, Neymar signe au PSG pour 222 M€. Peux-tu citer tous les compatriotes du « Ney » ayant joué à Paris depuis 1990 ? Il y en a 29 au total. On a rempli la moitié, t'as plus qu'à finir !

| | | | | | | | | |
|---|---|---|---|---|---|---|---|---|
| 1 | ................................ | (07/1991) | 11 | ................................ | (07/2001) | 21 | ................................ | (01/2012) |
| 2 | ................................ | (07/1991) | 12 | ................................ | (08/2001) | 22 | Maxwell | (01/2012) |
| 3 | Ricardo | (07/1991) | 13 | Ronaldinho | (07/2001) | 23 | Thiago Silva | (07/2012) |
| 4 | ................................ | (07/1993) | 14 | Paulo César | (07/2002) | 24 | Lucas Moura | (01/2013) |
| 5 | Leonardo | (07/1996) | 15 | André Luiz | (07/2002) | 25 | Marquinhos | (07/2013) |
| 6 | Edmílson | (07/1997) | 16 | Reinaldo | (07/2003) | 26 | ................................ | (07/2014) |
| 7 | Adaílton | (07/1998) | 17 | ................................ | (08/2007) | 27 | Dani Alves | (07/2017) |
| 8 | César | (07/1999) | 18 | ................................ | (01/2008) | 28 | Neymar | (08/2017) |
| 9 | ................................ | (07/1999) | 19 | ................................ | (01/2008) | 29 | ................................ | (10/2020) |
| 10 | ................................ | (01/2001) | 20 | ................................ | (07/2010) | 30 | ................................ | (01/2024) |

## 2 REMONTADA

6:1

8 mars 2017 : le Barça réalise la plus formidable remontée de l'histoire des Coupes d'Europe en renversant le PSG 6-1 après s'être fait écraser 4-0 au match aller. Teste ici ta culture « Remontadas ».

1. Août 1998, 3e journée de L1. Montpellier mène au Vélodrome 4-0 à la mi-temps. Marseille l'emporte 5-4. Qui marque le 5e but de l'OM ?
   - ☐ Fabrizio Ravanelli
   - ☐ Laurent Blanc
   - ☐ Christophe Dugarry
2. Lors de ce match, que dit l'entraîneur marseillais Rolland Courbis à Louis Nicollin, le président montpelliérain, au retour des vestiaires ?
   - ☐ *« Si on en met 1, je suis content »*
   - ☐ *« J'échange tous les joueurs de ton effectif contre les miens »*
   - ☐ *« Je pense qu'on va gagner 5 à 4 »*
3. En 16e de finale retour de Coupe des Coupes 1984, Metz gagne au Camp Nou 4-1 après avoir sombré chez lui à l'aller 4-2. Quel Grenat inscrit un triplé ?
   - ☐ Tony Kurbos
   - ☐ Philippe Hinschberger
   - ☐ Ludovic Obraniak
4. Quart de finale retour de la Ligue des Champions 2017-2018, AS Roma-FC Barcelone. Les Italiens assomment les *Blaugranas* 3-0 après le 1-4 du match aller. Qui est l'entraîneur de la Louve ?
   - ☐ José Mourinho
   - ☐ Eusebio Di Francesco
   - ☐ Rudi Garcia
5. Finale de la Ligue des Champions 2004-2005. L'AC Milan se régale et mène 3-0 à la mi-temps... Liverpool revient à 3-3 et s'impose aux tirs au but. Qui rate le dernier tir au but des *Rossoneri* ?
   - ☐ Andreï Chevtchenko
   - ☐ Kaka
   - ☐ Andrea Pirlo
6. Août 1997. Tour préliminaire de la Ligue des Champions. Le PSG aligne Laurent Fournier, normalement suspendu, face au Steaua Bucarest. Défaite sur tapis vert 3-0. Paris dynamite les Roumains 5-0 au retour. Qui inscrit un triplé ?
   - ☐ Florian Maurice
   - ☐ Marco Simone
   - ☐ Raí

## 3 KYKY

Déjà au panthéon ? Kylian Mbappé ne se révèle pourtant qu'en 2017 à Monaco… quelques mois avant notre consultant et ex-joueur Kévin Diaz, dit « Kéké », dans l'After. Réponds à ce quiz par Kyky ou Kéké. Trop facile ? OK. Alors on ajoute les joueurs Kaka, Cocu, (Francesco) Coco et Koke pour corser l'affaire. Attention, certaines questions appellent plusieurs réponses.

1. Il a brillé en D2 néerlandaise ..................................
2. Il a remporté la Ligue des Champions ..................................
3. Tu lui parles pas d'âge ..................................
4. Il a gagné 3 fois la Ligue Europa ..................................
5. Il est actuellement directeur sportif ..................................
6. Il a gagné la Serie A ..................................
7. Il est champion du monde ..................................
8. Il ne joue plus ..................................
9. Il a gagné le tournoi de la presse à Clairefontaine ..........................

## 4

En 2017, le Manchester City de Guardiola confirme qu'il est bien l'équipe anglaise de la décennie. Les Sky Blues entament un championnat qu'ils vont survoler, terminant à 100 points sur 114 possibles ! De Bruyne, Yaya Touré, Samir Nasri… Tu penses connaître aussi bien les Citizens que Noël Gallagher ? *Challenge accepted.* Dans cette liste, 11 joueurs (oui oui !) ont porté le maillot de City depuis le rachat du club par un fonds emirati en 2008. Lesquels ?

### CIEL BLEU

| | | |
|---|---|---|
| Rafael van der Vaart | Kasper Schmeichel | David Pizarro |
| Burak Yilmaz | Frank Lampard | Peter Crouch |
| Sylvinho | Patrick Vieira | Dani Olmo |
| Daniel Sturridge | Jérôme Boateng | Emmanuel Adebayor |
| Henrikh Mkhitaryan | Júlio Baptista | Radamel Falcao |
| Brahim Diaz | Martin Demichelis | John Terry |
| Alexandre Pato | Ben Chilwell | James Rodriguez |
| Romeo Lukaku | Maicon | |

# 2018

# LA FRANCE CHAMPIONNE DU MONDE

« La chatte à Dédé en masterclass internationale !
Et surtout Antoine Griezmann qui confirme qu'il est un joueur fabuleux.
Top 3 *all time* des Bleus ! »

## LES COMPÈTES AUX OUBLIETTES

En 2018, l'UEFA crée une nouvelle compétition : la Ligue des Nations.
Comme nous dans l'After depuis 6 ans, tu ne comprends toujours pas le règlement.
Alors tu es nostalgique et tu te remémores les compétitions disparues
en te disant qu'on n'a jamais fait pire… Quoique…

1. En quelle année a eu lieu pour la dernière fois la finale de la Coupe des Coupes ou C2 ?

   ................................

2. Quel tournoi a disputé l'équipe de France de football à deux reprises, dont la première en mai 1998, juste avant sa victoire en Coupe du Monde ?

   ................................

3. Quelle compétition, disputée entre 1955 et 1971, a été remplacée par la Coupe de l'UEFA ?

   ................................

4. Le PSG l'a gagnée 5 fois d'affilée de 2014 à 2018. Quelle est cette compétition disparue en 2020 ?

   ................................

5. Frédéric Née, Jérémy Bréchet, Ousmane Dabo et Jérôme Rothen y ont brillé avec les Bleus. Quelle est cette compétition stoppée en 2017 ?

   ................................

6. Quelle compétition européenne disparue en 2009 a été remportée par 12 clubs français (eh oui !) ?

   ................................

7. Quelle compétition, disputée entre 1953 et 1965, permettait aux équipes professionnelles éliminées avant les quarts de finale de la Coupe de France de se disputer un challenge dans une sorte de « consolante » ?

   ................................

## 2 EDINSON

En 2018, le PSG est champion pour la 7e fois et Cavani meilleur buteur pour la 2e année consécutive. Mais connais-tu bien Edinson Cavani ?

1. Dans quelle ville uruguayenne est-il né ?

Rondad | Salto

2. Il revient sur son continent sud-américain en 2023. Dans quel club ?

Boca Juniors | River Plate

3. Comment est-il surnommé ?

Cavegoal | El Matador

4. Il est l'actuel meilleur buteur de l'histoire de l'Uruguay.

Vrai | Faux

5. Cavani a dit : « ... reste l'attaquant le plus fort de l'histoire ». De qui s'agit-il ?

Jésus | Zlatan Ibrahimovic

## 3 NOTRE FRANCE-ARGENTINE PRÉFÉRÉ

Le rush de Mbappé, la volée de Pavard, Messi tête basse… On préfère ce France-Argentine à celui de 2022. Alors ça mérite bien un « Legend Game » pour ce 4-3 complètement fou… Trouve le nom du sélectionneur, des joueurs et/ou des buteurs manquants.

SUR LE BANC

| | FRANCE | ARGENTINE | |
|---|---|---|---|
| 75' | ............ ↓ | ↓ M. Rojo | 46' |
| | C. Tolisso ↑ | ↑ F. Fazio | |
| 83' | A. Griezmann ↓ | ↓ E. Pérez | 66' |
| | ............ ↑ | ↑ ............ ⚽ | |
| 89' | K. Mbappé ↓ | ↓ C. Pavón | 75' |
| | ............ ↑ | ↑ M. Meza | |

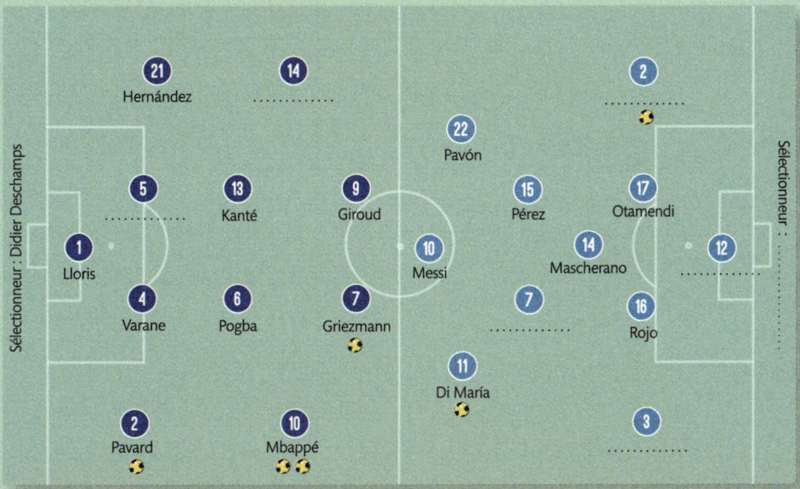


## 4 DÉDÉ

Ce n'est pas le personnage préféré de l'After, mais au vu de son palmarès hors du commun de joueur et d'entraîneur, Didier Deschamps mérite un quiz à son nom. Trouve la ou les bonnes réponses parmi : Dédé, Didi, Dida, Dada, Dudu, Dodo, Didot, Dido.

1. Champion du Monde

□□□□ + □□□□ + □□□□

2. Chanteuse

□□□□

3. Basque

□□□□

4. Brésilien

□□□□ + □□□□ + □□□□ + □□□□

5. J'ai joué à Rennes

□□□□ + □□□□□

6. Inventeur de la frappe en feuille morte (frappe brossée qui redescend brusquement), perfectionnée par Juninho

□□□□

7. J'ai une maison en Bretagne

□□□□ + □□□□□

8. Dictateur

□□□□

9. J'ai été chroniqueur sur RMC

□□□□

10. Je mesure plus d'1,90 m

□□□□ + □□□□

11. Les petits ne me quittent jamais

□□□□

12. Chanson de 1992

□□□□

# 2020

# PARIS EN FINALE DE LA LIGUE DES CHAMPIONS

« J'étais à deux doigts de chialer.
Je pensais à mon père, à mon fils, on était prêts.
Et puis rien... »

## YOU'LL NEVER FINISH THIS GRID ALONE

Après 30 ans d'attente, le Liverpool de Klopp remporte enfin la Premier League. Retrouve ces 41 joueurs passés par Anfield, entre légendes et flops mémorables. Les lettres manquantes formeront le nom d'un international français passé chez les Reds et qui évolue aujourd'hui dans le relevé championnat thaïlandais.

Agger
Anelka
Babe
Balotelli
Bellamy
Benteke
Berger
Can
Cissé
Coutinho
Dalglish
Diaz
Endo
Fabinho

Finnan
Firmino
Fowler
Gakpo
Gerrard
Ibe
James
Jota
Keegan
Kirkland
Lallana
Leiva
Lovren
Mané

Mascherano
Matip
Milner
N'Gog
Núñez
Origi
Owen
Reina
Robertson
Sakho
Salah
Skrtel
Sterling

| | | | | | | | | | | | | | |
|---|---|---|---|---|---|---|---|---|---|---|---|---|---|
| O | F | A | B | I | N | H | O | O | G | O | G | N | N |
| D | W | Z | E | N | U | N | Y | R | A | A | N | O | O |
| H | R | E | N | L | I | M | M | I | E | G | I | N | S |
| A | E | A | N | M | A | L | A | G | B | G | L | A | T |
| L | S | K | R | T | E | L | L | I | I | E | R | R | R |
| A | N | I | E | R | L | N | L | E | B | R | E | E | E |
| S | F | R | L | T | E | A | E | A | T | Y | T | H | B |
| C | I | K | W | A | N | G | B | O | N | O | S | C | O |
| S | N | L | O | V | R | E | N | H | P | A | L | S | R |
| E | N | A | F | I | I | E | B | K | S | K | M | A | S |
| M | A | N | E | E | O | K | S | A | Z | K | A | M | B |
| A | N | D | A | L | G | L | I | S | H | A | T | G | N |
| J | O | T | A | N | E | L | K | A | I | H | I | O | A |
| E | N | D | O | H | N | I | Y | U | O | C | P | D | C |

## 2 ANNÉE COUPÉE-DÉCALÉE

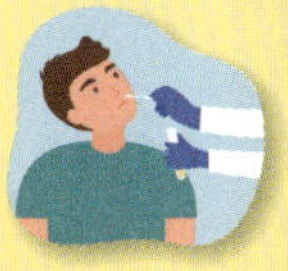

La pandémie a bouleversé le monde… et le football. Cette saison n'a ressemblé à aucune autre. Que s'est-il passé sur les terrains en 2020 ?

1. Un club français remporte la Ligue des Champions
☐ vrai ☐ faux
2. L'OL remporte la dernière Coupe de la Ligue de l'histoire
☐ vrai ☐ faux
3. Le FC Séville remporte sa sixième Ligue Europa
☐ vrai ☐ faux
4. Amiens et Nîmes sont relégués en L2
☐ vrai ☐ faux
5. En Ligue des Champions, l'OL élimine Manchester City grâce à un but de Cornet et un doublé de Depay
☐ vrai ☐ faux
6. Le Bayern étrille le Barça 7-1
☐ vrai ☐ faux
7. Lors de la finale PSG-Bayern, Verratti est remplaçant
☐ vrai ☐ faux

## 3 ILS NOUS FONT DOUTER, CES TCHÈQUES

Reims est éliminé au 3e tour de qualification de la Ligue Europa par les modestes Hongrois de Fehervar (ex Videoton). Des jeudis noirs pour les clubs français, l'After en a connu des dizaines… Des mardis et des mercredis aussi ! Relie les clubs français à leurs inattendus bourreaux européens.

| | |
|---|---|
| OM | Waterschei (Belgique) |
| OL | Qabala (Azerbaïdjan) |
| Bordeaux | Aarhus (Danemark) |
| Nice | Esbjerg (Danemark) |
| PSG | Maribor (Slovénie) |
| Monaco | Slovácko (République Tchèque) |
| Lille | Gaziantepspor (Turquie) |
| Nantes | Panionios (Grèce) |
| Lens | Mladá Boleslav (République Tchèque) |
| Rennes | Videoton (Hongrie) |
| Sochaux | Astana (Kazakhstan) |
| Saint-Étienne | Viking Stavanger (Norvège) |

## 4 UNE FINALE, ÇA SE GAGNE

2 sur 14, 14 % : c'est le maigre taux de réussite des clubs français en finale de Coupe d'Europe. Tu sais déjà tout de l'OM 1993 et du PSG 1996. Et sur les finales perdues, t'es incollable aussi ? Prouve-le en complétant ce tableau.

| COMPÉTITION | ANNÉE | ADVERSAIRE | CLUB | SCORE |
|---|---|---|---|---|
| C1 | 1956 | Real Madrid | Reims | 4-3 |
| C1 | .......... | .......................... | Reims | ............... |
| C1 | .......... | Bayern | St-Étienne | ............... |
| .......... | 1978 | .......................... | .......................... | 0-0 et 3-0 |
| C1 | 1991 | .......................... | Marseille | 0-0 (5-3 tab) |
| .......... | 1992 | .......................... | .......................... | 2-0 |
| C3 | .......... | Bayern | .......................... | 2-0 et 3-1 |
| C3 | 1999 | .......................... | .......................... | ............... |
| .......... | 2004 | .......................... | OM | ............... |
| C1 | 2004 | .......................... | Monaco | ............... |
| C3 | 2018 | .......................... | OM | ............... |
| C1 | 2020 | Bayern | PSG | 1-0 |

# 2021

# L'AFTER PREMIÈRE RADIO DE FRANCE

« Notre fierté ! Avoir créé une émission de toutes pièces et devenir première radio de France le soir… La seule émission à avoir conquis ce statut dans l'histoire de RMC. »

## 1 FOOTBALLEUR TOTAL

Ce qui t'a surtout marqué en 2021, c'est la très belle année du défenseur central de Reims Wout Faes. Retrouve les noms de ces joueurs qui, tous réunis, feraient un footballeur… entier.

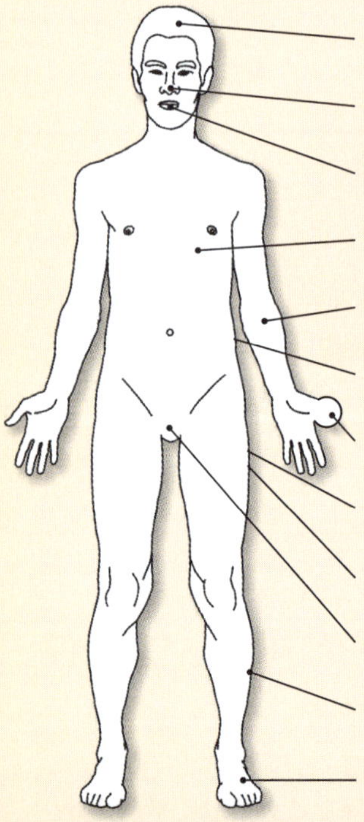

1. ........................
2. ........................
3. ........................
4. ........................
5. ........................
6. ........................
7. ........................
8. ........................
9. Wout Faes
10. ........................
11. ........................
12. ........................

## 2 CLUB DE CŒUR

Ces journalistes et chroniqueurs ont fait le succès de l'After. Quel est leur club de cœur, quand ils ne sont pas à l'antenne ? Une seule réponse possible, il n'y a pas de Footix ici ! S'ils n'en revendiquent aucun, alors trouve leur footballeur préféré.

**Gilbert Brisbois : Strasbourg**
**Daniel Riolo : PSG**
Florent Gautreau : ...............
Carine Galli : ...............
Julien Cazarre : ...............
Jean-François Pérès : ...............
Max du standard : ...............
Jérôme Thomas : ...............
Nicolas Jamain : ...............
Jimmy Braun : ...............
Stéphane Guy : ...............
Houssem Loussaief : ...............
Thibaut Giangrande : ...............
Nicolas Vilas : ...............
Simon Dutin : ...............
Paul Vexiau : ...............
Walid Acherchour : ...............
Jonatan Machardy : ...............
Fred Hermel : ...............
Marc Ambrosiano : ...............
Julien Laurens : ...............
Polo Breitner : ...............
Johann Crochet : ...............
David Lortholary : ...............
Cherif Ghemmour : ...............
Stéphane Pauwels : ...............
Philippe Auclair : ...............
Sofiane Zouaoui : ...............
Thibaud Leplat : ...............
François Manardo : ...............

## LES 5 ERREURS DE ZAVEN

Retrouve les 5 erreurs que Zaven a glissées dans son portrait de Gilbert et Daniel.
Si t'en as moins de 4, va falloir retourner réviser tes podcasts de l'After.

# 2022

# CRÉATION DE GÉNÉRATION AFTER

« Faut bien préparer notre succession, même si ce n'est pas prévu avant 2070. Walid Acherchour, Kévin Diaz, Thibaud Leplat et leurs collègues sont l'avenir de l'After. »

## QATARSIS

On t'a dit qu'on préférait le France-Argentine de 2018.
Celui de 2022 se termine moins bien, mais une finale de Coupe du Monde des Bleus, c'est par définition un match de légende. Fais-toi mal, mais dépêche-toi de retrouver les compos, pour passer rapidement à autre chose.

**Remplaçants** :

| | | | |
|---|---|---|---|
| 12 | Randal Kolo Muani | | ▲41e |
| 26 | ................. | 87e | ▲41e |
| 20 | Kingsley Coman | | ▲71e |
| 25 | Eduardo Camavinga | | ▲71e |
| 13 | Youssouf Fofana | | ▲96e |
| 24 | Ibrahima Konaté | | ▲113e |
| 3 | Axel Disasi | | ▲120e+1 |

**Entraîneur :**
Didier Deschamps

**Remplaçants** :

| | | | |
|---|---|---|---|
| 8 | Marcos Acuña | 90e+8 | ▲64e |
| 4 | Gonzalo Montiel | 116e | ▲90e |
| 5 | ................. | 114e | ▲102e |
| 22 | Lautaro Martínez | | ▲103e |
| 6 | Germán Pezzela | | ▲116e |
| 21 | ................. | | ▲120e+1 |

**Entraîneur :**
Lionel Scaloni

## 2 CANARIS

Le FC Nantes remporte la Coupe de France, 21 ans après son dernier trophée. Pour Daniel Riolo, sache que le canari, c'est le fils du canard…(si si, il l'a dit !) Mais toi, on sait que t'es meilleur que ça !

**1**
Mon premier est le nom du plus célèbre boxeur de l'histoire
Mon deuxième est un poème lyrique
Mon troisième, c'est la musique en plus court

................................

**2**
Mon premier est un morceau
Mon deuxième n'est ni brun, ni blond
Mon troisième est un félin
Mon quatrième n'est pas une fille

................................

**3**
Mon premier transpire
Mon deuxième est élevé
Mon troisième va des épaules aux reins

................................

**4**
Mon premier n'est pas moche
On est content de mon second aux dés

................................

**5**
Il est grand pour l'humanité en 1969
Mon second est une règle juridique

................................

**6**
Mon premier verrouille en anglais
Mon second est liquide

................................

## 3 LA RELÈVE

Après 2 saisons pleines, « Génération After » s'est fait une place entre 20 h et 22 h, juste avant l'After. La relève est prête… à commencer par Walid Acherchour. Complète ces phrases de Walid prononcées dans « Génération After » ou en « off » à la rédaction de RMC Sport.

| | | | | |
|---|---|---|---|---|
| papa | banque | musique | simple | fruits |
| Aristochats | Yamakasi | Vercingétorix | Colisée | émotions |

1. « C'est ....................... comme de l'eau de roche ! »
2. « .........................., c'est mon film préféré de tous les temps. Parce que le cinéma, c'est des ....................... . »
3. « ................... ? Oui, c'est dans Astérix et Obélix. »
4. « J'ai pris des billets pour AS Rome-Empoli. Le .........................., je m'en fous, je l'ai vu plein de fois en images. »
5. « Mon premier match, c'était France-Espagne au Stade de France avec mon .................. sur les genoux. »
6. « Peut-être que le Real Madrid a envie de sauter la ...................... »
7. « Il a pris cette base-là pour en fructifier les .................. »
8. Florent Gautreau : « C'était quoi ce dessin animé avec les chiens ? » Walid : « Les ....................... ? »
9. « Pour moi, la ...................., ça se vit au moment présent. »

## 4 LIONS DE L'ATLAS

Pour la 1re fois, une équipe africaine atteint le stade des demi-finales de la Coupe du Monde. Les Lions de l'Atlas renvoient l'Espagne et le Portugal à la maison, avant de buter sur les Bleus. Tiens, tu t'y connais en surnoms des équipes africaines ? On te file un petit coup de pouce en te donnant trois réponses : les Requins bleus, les Panthères et les Éperviers.

1. Nigéria ........................
2. Égypte ........................
3. Sénégal ........................
4. Tunisie ........................
5. Algérie ........................
6. Togo ........................
7. Cap-Vert ........................
8. Afrique du Sud ..................
9. Mali ........................
10. Cameroun ......................
11. Ghana ........................
12. Gabon ........................

# 2024

# LE FOOT AUX JEUX OLYMPIQUES

« Bon, j'ai envie de dire que ça ne m'intéresse pas, mais si plusieurs équipes arrivent avec des vedettes et l'envie de gagner, ça peut être pas mal, finalement… »

## « JOUEZ, MESSIEURS ! »

On le dit depuis le début : le VAR, c'est bidon !
Alors ne cherche pas, il n'y a pas de quiz sur l'arbitrage vidéo.
En revanche, on peut s'amuser avec les arbitres. Trouve leurs noms grâce à ces indices.

1. Argentin – Finale 2006 – Premier arbitre vidéo ?
 ...............................
2. Suisse – Urine – Doigt d'honneur
 ...............................
3. Record – Exclusion – Coupe du Monde
 ...............................
4. Stamford Bridge – Fucking Disgrace – Barça
 ...............................
5. Yeux globuleux – Italie – Chauve
 ...............................
6. Alsacien – Nijinski – Intervilles
 ...............................
7. À bas l'arbitre – La Poste – Merci
 ...............................
8. Auditeur de l'After – Vénus – Meilleur arbitre de L1 (c'est subjectif, mais bon...)
 ...............................
9. Fruit à coque – Vous voulez un soin ? – Pas copain avec Gautier
 ...............................
10. Bulgarie – Salaud – Roland
 ...............................
11. Internet – Finale Coupe du Monde 2010 – Anglais
 ...............................
12. Oullins – Théâtre – Liverpool-Real
 ...............................

## 2 LA BLAGUE STADE 2

Tu en as marre des blagues de Florent Gautreau dans l'After ? Alors, passe au jeu suivant. Sinon, mets-toi dans la peau du Tourangeau formé à la sauce Stade 2 sur Antenne 2 en trouvant les joueurs qui correspondent à ces jeux de mots. Fous rires non garantis…

1. Quelle recrue a enchanté le Vélodrome cette saison ?

   ..............................

2. Quel défenseur français avait trouvé sa place à Arsenal et Manchester City ?

   ..............................

3. Quel international allemand est dans son élément quand il pleut ?

   ..............................

4. On ne comprend pas très bien ce milieu de terrain espagnol quand il parle...

   ..............................

5. Quel joueur brestois motive ses partenaires avant chaque match ?

   ..............................

6. Qu'avait dit Johnny Hallyday à la place de Zizou ?

   ..............................

7. Quel gardien de Serie A a une préférence pour les débuts de livre ?

   ..............................

8. Quel international espoirs français n'est pas encore à la faculté ?

   ..............................

9. Quel attaquant anglais n'a jamais eu l'intention de se convertir à l'Euro ?

   ..............................

## 3 FAITES VOS JEUX

Les équipes de France de foot ont rarement brillé aux Jeux Olympiques. À la maison, cette année, c'est l'occasion ou jamais ! Tony Estanguet, Marie-José Pérec, Laure Manaudou, Teddy Riner, tu connais… Et le foot français aux J.O., t'as quelques notions ?

1. L'équipe de France masculine n'a glané qu'une seule médaille dans son histoire aux J.O. Emmenée par son sélectionneur ......................, elle décroche la plus belle en battant le ...................... en finale lors des J.O. de ...................... Ce 11 août 1984, il y avait plus de ...................... spectateurs au Rose Bowl de Pasadena pour admirer cette « équipe B » des Bleus, victorieuse quelques semaines après le succès des « A » à l'Euro.
2. Depuis 1992, le tournoi est « rajeuni ». Seuls les joueurs de moins de...................... peuvent participer, avec un passe-droit, depuis 1996, pour 3 joueurs. Aux Jeux de Tokyo en 2021, ces trois joueurs étaient, pour la France, Florian Thauvin, .............................. et ...................................
3. Chez les filles, il n'y a pas de restriction d'âge. Le tournoi féminin existe depuis ............ . La meilleure place des Bleues est ......... en .............., année de leur première participation.
4. Cette année, les finales masculine et féminine auront lieu au .......................................

## 4 ÇA SE DISPUTE

Ça y est, l'After est majeur ! Il a grandi depuis 2006 dans la passion du foot, les débats enflammés et les prises de bec… avec Daniel Riolo. Trouve l'auteur ou le mot manquant de ces quelques échanges avec le prophète du football.

1. .......................... à Daniel Riolo : « Faut qu'il se calme, le bonhomme. Je prends ma voiture et je lui mets deux petites claques dans la gueule, à ce branleur. »
2. Rolland Courbis : « ......... et 1-0, je te dis que c'est presque pareil ! »
3. ..............., auditeur, à Daniel : « Connard, va ! »
4. Daniel Riolo à un supporter qui déclare être à la fois supporter de Lyon, de Grenoble et de Saint-Étienne : « Oh la la, mais c'est quoi ce .................. ?! »
5. .............................. : « Laisse parler l'auditeur, Daniel ! »
6. Daniel Riolo : « Walid, tout l'été, je t'ai expliqué la situation ! Tu as raconté de la ................ de A à Z ! »
7. Fred Hermel : « Daniel, je ne te pardonnerai jamais ! Me faire ça avant .................., c'est lamentable. »

# RÉPONSES

## 1970

**1**

### L'ANCIEN MONDE

1 Union Soviétique
3 Tchécoslovaquie
8 République fédérale d'Allemagne

**2**

### SURNOMS ET SOBRIQUETS

1 D Gareth Southgate : Le Sylvain Ripoll anglais
2 G Daniel Riolo : L'esturgeon (auto-attribué !)
3 F Gianni Infantino : Jean L'Enfant
4 H Christian Karembeu : Le Cheval Fou
5 C Diego Simeone : El Cholo
6 A Cafu : La Mobylette
7 B Luis Enrique : Géo Trouvetou
8 E David James : Calamity James

**3**

### ET DE 3 !

1 La Coupe du Monde 1970, l'une des plus belles de l'histoire, se déroule au **Mexique**, patrie d'Emiliano Zapata, Carlos Santana et Salma Hayek.
2 **16** équipes, réparties en quatre poules, sont qualifiées pour la compétition. Le **Brésil** remporte sa 3e Coupe du Monde, tout comme son numéro 10 **Pelé**.
3 L'Allemand de l'Ouest **Gerd Müller** termine meilleur buteur avec **10** buts et remporte cette année-là le Ballon d'Or.
4 Nouveauté pour le téléspectateur, c'est la première Coupe du Monde télévisée en **couleurs**.
5 Après l'Égypte en 1934, le **Maroc** est le 2e pays africain à disputer une Coupe du Monde.
6 *Partita del socolo, Jahrhundertspiel*, soit **match du siècle** en français : la demi-finale entre l'Allemagne de l'Ouest et l'Italie est considérée comme le plus beau match de l'histoire de la Coupe du Monde. L'Italie l'emporte 4-3 après prolongation. **Franz Beckenbauer** finit le match avec un bras en écharpe.
7 Le Brésil s'impose en finale face à l'Italie sur le score de **4-1**. **Mario Zagallo** devient le premier vainqueur de Coupe du Monde en tant que joueur puis sélectionneur. Il sera imité plus tard par **Franz Beckenbauer** et **Didier Deschamps**.

**4**

### RIS-ORANGIS, VILLE DE LUMIÈRES

Sébastien Haller

## 1974

**1**

### ET 11 QUI FONT 1974 !

1 Teddy Richert
2 Taribo West
3 Sylvinho
4 Sol Campbell
5 Martin Djetou
6 Paul Scholes
7 Sylvain Wiltord
8 Olivier Dacourt
9 Dado Prso
10 Alessandro Del Piero
11 Ulrich Le Pen

**2**

### LA COUPE À LA MAISON

1 1984 et 1998
2 1934 et 1968
3 1978
4 1964
5 1930
6 1966

**3**

### GO LES LOGOS !

1 Mexique 86
2 France 98
3 Italie 90
4 Brésil 2014
5 Allemagne 2006
6 Qatar 2022
7 Espagne 82

**4**

### LES HÉROS DE LA MANNSCHAFT

1 Oliver Bierhoff, doublé et but en or lors de la finale de l'Euro 1996 contre la Tchéquie
2 Andreas Brehme, unique buteur, sur penalty, lors de la finale de la Coupe du Monde 1990 contre l'Argentine
3 Mario Götze, unique buteur en finale de la Coupe du Monde 2014, de nouveau contre l'Argentine, lors de la deuxième mi-temps de la prolongation
4 Helmut Rahn, 2 buts et 1 passe décisive en finale de la Coupe du Monde 1954 contre la Hongrie
5 Horst Hrubesch, auteur d'un doublé en finale de l'Euro 1980 contre la Belgique

# 1978

1

## 50 NUANCES DE BLEU

1. Uruguay
2. Naples
3. Le Havre
4. Glasgow Rangers
5. Bastia (I Turchini signifie « Les Bleus »)
6. Everton
7. Chelsea (eh oui, comme Everton !)
8. Japon

2

## QUE DES NUMÉROS 10 DANS MA TEAM

3

## ARGENTINA 78

1. Un groupuscule d'opposants à la tenue du Mondial
2. Jean-Marc Guillou
3. À un maillot d'une équipe de pêcheurs locaux
4. Estadio Monumental
5. Mario Kempes
6. Le général Videla

4

## SERIAL LOSERS

1. France
2. Argentine
3. Italie
4. Tchécoslovaquie (frontières de 1992)
5. Hongrie
6. RFA
7. Brésil

# 1979

1

## ÊTRE ET AVOIR ÉTÉ

1. Angleterre : Leeds United
2. Allemagne : Karlsruhe SC
3. Portugal : Belenenses
4. Brésil : Santos
5. Italie : Sampdoria de Gênes
6. Argentine : Ferrocarril Oeste

2

## ANTICHAMBRE

Les clubs qui n'ont jamais joué en D2 ou en L2 sont :

2. Biarritz
3. Paris SG
6. Alençon
7. Chambéry
10. Sarreguemines
11. Vesoul
13. Ris-Orangis
14. Draguignan
15. Bonifacio
18. Lourdes
20. Meaux
23. Montreuil

3

## LES 5 ERREURS DE ZAVEN

1. Le ballon qui est un ballon actuel
2. Le sponsor du maillot
3. Le short du FC Metz
4. La couleur des chaussures
5. Le logo Nike au lieu du logo Adidas

# 1982

1

## « ALLEZ LES BLEUS ! »

1 B Les Supporters : « Allez les Bleus, allez la France ! »
2 E Jean-Pierre Foucault et Léon : « Allez la France, allez ! »
3 C Carlos, Enrico Macias, Sacha Distel, Michel Boujenah, Didier Barbelivien, Herbert Léonard, Patrick Sébastien, Marcel Amont, Philippe Lavil et Sim : « Viva les Bleus »
4 D Gloria Gaynor : « I will survive »
5 H Carlos : « Allez la France ! »
6 F Johnny Hallyday : « Tous ensemble »
7 A Vegedream : « Ramenez la Coupe à la maison »
8 G Gala : « Freed from desire »

2

## LE HÉROS DE FLO GAUTREAU

Delio Onnis

3

## TRAUMA

**Avant le match**

1 C Franz Beckenbauer (champion du monde 1974 et futur sélectionneur allemand)

**Pendant le match**

2 E Jean-Michel Larqué (commentateur)
3 F Thierry Roland (commentateur)
4 H Harald Schumacher (parlant à l'arbitre)
5 A L'arbitre assistant (parlant à l'arbitre)

**Juste après le match**

6 H Harald Schumacher (à un journaliste qui lui donne des nouvelles de Battiston)

**Quelques jours après le match**

7 G Le chancelier allemand Helmut Schmidt (télégramme au président français François Mitterrand)

**30 ans après le match**

8 H Harald Schumacher (à un journaliste)
9 B Patrick Battiston (à un journaliste)

**Régulièrement dans l'After**

10 D Polo Breitner (pas celui qui a joué

le match, mais notre Drôle de Dame allemande !)

### LOTERIE ?

1. 1982 : Didier Six
2. 1982 : Maxime Bossis
3. 1986 : Michel Platini
4. 1996 : Reynald Pedros
5. 1998 : Bixente Lizarazu
6. 2006 : David Trezeguet
7. 2020 : Kylian Mbappé
8. 2022 : Kingsley Coman
9. 2022 : Aurélien Tchouaméni

## 1984

### PLATOCHE

1. Juventus Turin (224 matchs avec la Juve, 213 avec Nancy, 145 avec Saint-Étienne, 0 avec Strasbourg)
2. Marco van Basten
3. Diego Maradona
4. Koweït
5. L'arbitre lui refuse ce qu'il considérera comme le plus beau but de sa carrière
6. Yoann Gourcuff
7. Cassis

### 20 SUR 20 ?

20. Albert Rust
3. Jean-François Domergue
7. Jean-Marc Ferreri
8. Daniel Bravo

### MICHEL.. ET LES AUTRES

1. Michel Bastos
2. Michel Seydoux
3. Michel
4. Michel Vautrot
5. Henri Michel
6. Michel Pavon
7. Michel Le Milinaire

### FOOT ET GÉOMÉTRIE

1. Le rectangle (ou carré) vert
2. Le jeu en triangle
3. Les pieds carrés
4. Jérémy Le Douaron
5. Le 4-4-2 losange
6. Johnny Ecker

## 1986

### FRANCE-BRÉSIL

1. La dernière fois que les Bleus ont perdu contre le Brésil en compétition officielle, c'était en **1958**. Depuis, la France est le cauchemar de la sélection auriverde. Les Brésiliens tombent lors des Coupes du Monde **1986**, **1998** et **2006**.
2. Le fameux match de 1986 se déroule au stade Jalisco de **Guadalajara**, au Mexique. Le match, diffusé en direct sur Antenne 2, est commenté par le journaliste **Michel Drucker** et l'ancien international Roger Piantoni, puis le lendemain sur TF1 par le duo Thierry Roland – Jean-Michel Larqué. Lors de la séance de tirs au but, Michel Platini manque le sien, ainsi que les Brésiliens **Socrates et Julio Cesar**. Luis Fernandez offre la qualification aux Bleus.
3. On l'oublie parfois mais en 1998, les Bleus ont joué la dernière demi-heure de la finale à 10, après l'exclusion de **Marcel Desailly**. Pour l'After, le meilleur tricolore de la compétition est **Emmanuel Petit**.
4. En 2001, la France s'impose 2-1 face au Brésil en demi-finale de la **Coupe des Confédérations**.
5. Cinq ans plus tard, les Bleus éteignent à nouveau le Brésil du capitaine **Cafu**. **Zidane** délivre sa première passe décisive à **Henry**, bien seul au second poteau, puisque Roberto Carlos était en train de **remonter ses chaussettes**.

### DIEGO

1. Lanus
2. Che Guevara
3. Fidel Castro
4. Les deux réponses sont bonnes
5. Gheorghe Hagi
6. Ali Benasseur
7. Pelé
8. Mara, Dona (qui sont jumelles !) et Diego
9. Sa sœur
10. Tigre

### FERGIE TIME

1. Ferguson : 1986-2013
2. Wenger : 1996-2018
3. Löw : 2006-2021
4. Courbis : avril 2012-juin 2012
5. Tabarez : 2006-2021
6. Roux : 1961-2000 puis 2001-2005
7. Deschamps : 2012-2026 ? (fin de contrat)
8. Marcelino : juin 2023-septembre 2023

### LES RÉBUS DE LA FINALE

1. Jorge Burruchaga
2. Lothar Matthaüs

## 1990

### LES CENTRES DE FORMATION DE L'AFTER

1. Lycée Claude-Monet prépa littéraire, Paris 13 : Florent Gautreau
2. Faculté d'Histoire du Maine, Le Mans : Stéphane Guy
3. École primaire Louis-Pasteur, Orgeval : Nicolas Vilas
4. École maternelle de Courson-les-Carrières, Bourgogne : Johann Crochet
5. Faculté de Droit, Saint-Maur : Daniel Riolo
6. Lycée Champollion, Grenoble : Gilbert Brisbois
7. École primaire du Haillan, Gironde : Nicolas Jamain
8. École primaire Charles-Digeon de Saint-Mandé, Val-de-Marne : Julien Laurens
9. École primaire de Grandfresnoy, Picardie : Thibaud Leplat

10. Université Lille-3 Infocom : Fred Hermel

## 2

### FATALISTE

3. Gary Lineker

## 3

### LES 5 ERREURS DE ZAVEN

1. Le numéro 10 (Milla était 9)
2. La couleur du short (qui devrait être rouge)
3. La couleur des chaussures (qui devraient être noires)
4. La couleur du drapeau de corner (qui devrait être rouge)
5. Les supporters en tribune agitent le drapeau des Pays-Bas et pas celui du Cameroun

# 1992

## 1

### « … ET PUIS UNE GORGÉE DE VOLVIC, TOUJOURS »

1. Cristalline : Guy Roux
2. Quick : Nicolas Anelka
3. La Halle aux Chaussures : Grégory Coupet
4. La revue de l'After : Gilbert Brisbois
5. Fruité : Michel Platini
6. Bic : Éric Cantona
7. Volvic : Zinédine Zidane
8. Sharp : Éric Cantona
9. Tuc : Emmanuel Petit
10. Compo Floranid : Guy Roux
11. Renault 12 : Michel Platini
12. Pétrole Hahn : Robert Pirès
13. Grundig : Jean-Pierre Papin

## 2

### BLAUGRANA

1. Hristo Stoitchkov
2. Deco
3. Andoni Zubizarreta
4. Rivaldo
5. Gérard Piqué
6. Romario

## 3

### REPÊCHÉ, C'EST GAGNÉ

## 4

### YES YOU CAN !

1. Avec **7** trophées, **l'Égypte** est la nation la plus titrée de l'histoire, et la seule à avoir remporté 3 éditions d'affilée, en **2006**, **2008** et **2010**.
2. 4 sélectionneurs français sont champions d'Afrique : **Claude Le Roy** en 1988 et **Pierre Lechantre** en 2000 avec le Cameroun ; **Roger Lemerre** en 2004 avec la Tunisie ; et Hervé Renard à deux reprises avec la Zambie en **2012** et la Côte d'Ivoire en **2015**.
3. Le meilleur buteur de l'histoire est **Samuel Eto'o** avec 18 buts inscrits sur 6 éditions.
4. Ancien consultant de l'After, **Patrick Mboma** remporte 2 CAN, en 2000 et 2002. C'est la star des Lions Indomptables, avant l'éclosion de Samuel Eto'o.
5. Ahmed Hassan (Égypte), Youssef Msakni (Tunisie), **Rigobert Song** (Cameroun) et **André Ayew** (Ghana) détiennent le record de participations, à savoir 8.
6. La prochaine CAN aura lieu en 2025 au **Maroc**.

# 1993

## 1

### À JAMAIS LES PREMIERS

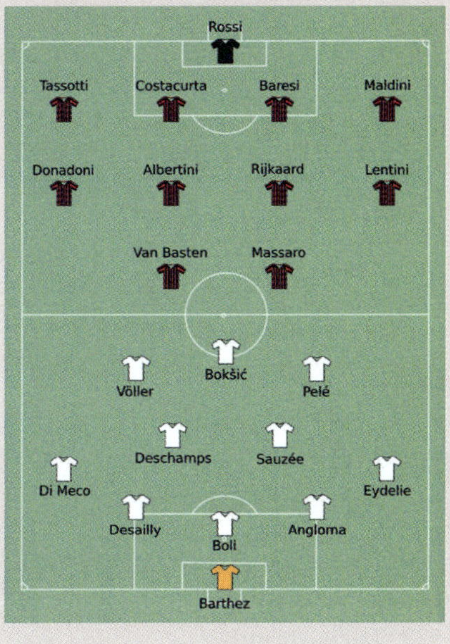


**Remplaçants :**

| | | | | |
|---|---|---|---|---|
| GB | **12** | 🇮🇹 | Carlo Cudicini | |
| DF | **13** | 🇮🇹 | Stefano Nava | |
| MO | **14** | 🇮🇹 | Stefano Eranio | ▲ 86e |
| MO | **15** | 🇮🇹 | Alberigo Evani | |
| Att | **16** | 🇫🇷 | Jean-Pierre Papin | ▲ 55e |

**Entraîneur :**
🇮🇹 Fabio Capello

**Remplaçants :**

| | | | | |
|---|---|---|---|---|
| DF | **12** | 🇫🇷 | Bernard Casoni | |
| MO | **13** | 🇫🇷 | Jean-Christophe Thomas | ▲ 78e |
| MO | **14** | 🇫🇷 | Jean-Philippe Durand | ▲ 61e |
| Att | **15** | 🇫🇷 | Jean-Marc Ferreri | |
| GB | **16** | 🇫🇷 | Pascal Olmeta | |

**Entraîneur :**
🇧🇪 Raymond Goethals

2

### LE MIRAGE AMÉRICAIN

1 E Reynald Pedros
2 D David Ginola
3 B Jean-Pierre Papin
4 F Franck Sauzée
5 A Éric Cantona
6 C Vincent Guérin

3

### VA-OM

1. Calciopoli
2. 2015
3. Mogi Bayat
4. L'affaire Negreira
5. Totonero
6. Roger Rocher

4

### ACCESSITS

1956 : Raymond Kopa 3e
1957 : Raymond Kopa 3e
1958 : Raymond Kopa 1er, Just Fontaine 3e
1959 : Raymond Kopa 2e
1977 : Michel Platini 3e
1980 : Michel Platini 3e
1982 : Alain Giresse 2e
1983 : Michel Platini 1er
1984 : Michel Platini 1er, Jean Tigana 2e
1985 : Michel Platini 1er
1991 : Jean-Pierre Papin 1er
1993 : Éric Cantona 3e
1997 : Zinédine Zidane 3e
1998 : Zinédine Zidane 1er
2000 : Zinédine Zidane 2e
2003 : Thierry Henry 2e
2006 : Thierry Henry 3e
2013 : Franck Ribéry 3e
2016 : Antoine Griezmann 3e
2018 : Antoine Griezmann 3e
2022 : Karim Benzema 1er
2023 : Kylian Mbappé 3e

## 1996

1

### GOLDEN GOAL

1. La règle du but en or est en vigueur dans les grandes compétitions entre 1996 et **2003**. Ce but inscrit dans la prolongation met immédiatement un terme à la rencontre sans attendre la fin du match.
2. Plus éphémère et contrairement au but en or, la règle du but en **argent** impose que l'une des deux équipes mène au score au terme de la première période de la prolongation pour remporter le match. Elle n'a été appliquée qu'une seule fois en compétition internationale, lors de la demi-finale de l'Euro 2004 Grèce-**République tchèque**.
3. Le premier but en or est donc inscrit en finale de l'Euro 1996, grâce à une frappe de **Bierhoff** que ne parvient pas à maîtriser Kouba, le gardien tchèque.
4. Les Bleus ont brillé dans l'exercice : un but de **Blanc** qualifie la France pour les quarts de finale de la Coupe du Monde 1998. Zidane et Trezeguet en inscrivent un à l'Euro 2000. Moins prestigieux, celui de **Henry** offre la Coupe des Confédérations 2003 aux hommes de **Jacques Santini**.
5. Lors de la Coupe du Monde 2002, un but en or du **Sud-Coréen** Ahn Jung-hwan élimine l'Italie en huitième de finale. Celui du Sénégalais **Camara** sort la Suède au même stade de la compétition.

2

### PASSEMENT DE JAMBES

Réponse : Basile Boli

3

### VIENNE A VALSÉ

Côté PSG, manquent Colleter, N'Gotty, Bravo et Loko.
Côté Rapid Vienne, manquent l'Allemand Jancker et le Bulgare Ivanov.

4

### DUCS DE BOURGOGNE

PSG : RTL
Marseille : Panasonic
Rennes : Pfizer
Strasbourg : Mammouth
Nice : Les Menuires
Nîmes : Cacharel
Bordeaux : Maison Malardeau
Nantes : Europe 1
Metz : Sollac
Lille : Peaudouce
Lens : Shopi
Auxerre : Duc
Monaco : RMC
Lyon : Justin Bridou
Saint-Étienne : Manufrance
Montpellier : Tati
Toulouse : Cachou Lajaunie
Laval : Lactel
Nancy : Fruité
Guingamp : Rippoz

## 1998

1

### « VOUS AVEZ PEUR DE QUOI ? VOUS AVEZ PEUR DE QUI ? »

1. *« Le but suprême de l'équipe de France, c'est d'avoir une sélection, de toucher les **équipements**. »* Lilian Thuram
2. *« Utile pour l'équipe. Efficace. Attaquant. Et venez pas **m'emmerder**. »* Aimé Jacquet
3. *« Vous m'avez écouté vous critiquer ? Jamais. Respect total des **attaquants**. J'ai un respect total des **attaquants** parce que j'étais incapable d'être un **attaquant**. »* Aimé Jacquet
4. *« Quand je marque, j'ai de la joie et de la **haine**. »* Christophe Dugarry
5. *« **Robert** c'est pas Zizou, **Youri** c'est pas Zizou, **Petit bonhomme** là c'est pas Zizou. »* Aimé Jacquet
6. *« Muscle ton jeu, Robert... Si tu ne muscles pas ton jeu, fais attention... Je t'assure, tu vas voir. Tu vas avoir des **déconvenues** parce que t'es trop **gentil**. »* Aimé Jacquet

2

### SANG ET OR… ET GRENAT

1. Tony Vairelles
2. Sylvain Kastendeuch
3. Guillaume Warmuz
4. Éric Sikora
5. Rigobert Song

3

### CHAMPIONS DU MONDE

1. Christophe Dugarry : Birmingham City
2. Fabien Barthez : Toulouse
3. Bernard Lama : West Ham
4. Laurent Blanc : Naples
5. Vincent Candela : Bolton Wanderers
6. Bixente Lizarazu : Athletic Bilbao

7. Didier Deschamps : Valence CF
8. Youri Djorkaeff : Blackburn Rovers
9. Alain Boghossian : Espanyol Barcelone
10. Patrick Vieira : Milan AC
11. Bernard Diomède : Liverpool

4

### FOOTIX

1. Kaiserslautern
2. Denilson (au Betis Séville)
3. L'AS Cannes
4. Stéphane Guivarch
5. Sébastien Frey

## 2000

1

### TREZEGUET, TREZEGUET, TREZEGUET… ON PEUT EXISTER, NOUS AUSSI ?

1. Alessandro Nesta
2. Pavel Nedved
3. Diego Simeone
4. Marcelo Salas
5. Alen Bokšić
6. Roberto Mancini
7. Fabrizio Ravanelli
8. Juan Sebastián Verón
9. Simone Inzaghi

2

### SHUTTLE

1. Éric Roy : Sunderland
2. Didier Deschamps : Chelsea
3. Xavier Gravelaine : Watford
4. Mikaël Silvestre : Manchester United
5. Alain Goma : Newcastle
6. Thierry Henry : Arsenal

3

### LES 5 ERREURS DE ZAVEN

1. Il n'y a pas de girafes en Australie
2. Il n'y a pas non plus d'éléphants
3. Le maillot de l'Australie n'existe pas en format « éléphant »
4. On n'a jamais vu de girafe arbitrer
5. Les girafes ne portent plus d'écarteur nasal depuis les années 2000

## 2001

1

### STRASBOURG POUR LES NULS

1. Vrai (le club s'appelait à l'époque le FC Neudorf)
2. Faux (vrai pour la cigogne et la cathédrale, faux pour Gilbert)
3. Vrai
4. Faux
5. Vrai
6. Vrai (le championnat de Dordogne 1940 est remporté par le RC Strasbourg-Périgueux, créé par des joueurs alsaciens évacués dans le Sud pendant la guerre)
7. Vrai (il a inscrit 118 buts avec Strasbourg)
8. Faux

2

### DERNIER REMPART

1. Gianluigi Buffon
2. Bruce Grobbelaar
3. Mickaël Landreau (618)
4. Jean-Luc Ettori (602)
5. Hugo Lloris
6. Rolland Courbis
7. Gilbert Brisbois
8. Joël Bats
9. Rogério Ceni (il tirait les penalties et les coups francs)
10. Stéphane Cassard
11. Tim Howard
12. Fabien Cool
13. Décerné par le quotidien *Marca*, il récompense le gardien ayant encaissé le moins de buts
14. La Coupe du Monde 1994

3

### MERCATO CHAUD

1. 222 M€
2. 180 M€
3. Philippe Coutinho (Barça)
4. Ousmane Dembélé (Barça)
5. João Felix
6. Enzo Fernández
7. Antoine Griezmann
8. Jack Grealish
9. Cristiano Ronaldo
10. Declan Rice
11. Moisés Caicedo
12. Eden Hazard

## 2002

1

### BUTEURS ÉCLAIRS

1. Michel Rio et Kylian Mbappé
2. Roy Makaay
3. Bernard Lacombe
4. Florian Wirtz
5. Bryan Robson

2

### FIASCO

1. Les Bleus sont champions du Monde et d'Europe en titre et s'avancent logiquement comme favoris de la compétition. À tel point qu'Adidas avait déjà produit quantité de maillots **deux étoiles**, prêts à être commercialisés.
2. La veille de leur départ en Asie, les Bleus accueillent la Belgique au Stade de France. **Marcel Desailly** avoue ne connaître aucun joueur adverse. Défaite 2-1.
3. Il y a 14 champions du monde 1998 dans la liste de Roger Lemerre. En attaque, **Thierry Henry**, **David Trezeguet** et **Djibril Cissé** sont les tout frais meilleurs buteurs de Premier League, Serie A et Ligue 1.
4. Pour leur dernier match de préparation, Zinédine Zidane se blesse contre la **Corée du Sud**.
5. Lors du 1er match, le Sénégal assomme les Tricolores. Défaite 1-0 sur un but de **Papa Bouba Diop**.
6. Quelques jours plus tard, **Thierry Henry** est exclu pour un tacle en retard après

25 minutes face à l'**Uruguay**, match clos sur le score de **0-0**.

7. Malgré le retour de Zidane, le **Danemark** achève les Bleus lors du 3e match de poule.
8. Bilan : 1 point, et zéro but marqué. La 2e étoile, ce sera pour plus tard.

3

### ET À LA FIN, C'EST LE BRÉSIL QUI GAGNE

4

### PROPHÈTES ET CHARLATANS

1. Francis Lalanne
2. Thierry Henry
3. Un poulpe
4. 4-0 pour le PSG

## 2004

1

### « FILE-LUI SES 30 000, C'EST UN CON »

Kolo Muani : 75 M€
Hakimi : 60 M€
Icardi : 50 M€
Lucas Moura : 40 M€
Draxler : 36 M€
Anelka : 34.5 M€
Krychowiak : 30 M€
Jesé : 25 M€
Berchiche : 16 M€
Okocha : 12.4 M€
Verratti : 12 M€
Rothen : 11 M€
Ménez : 8 M€
Everton/Souza : 6 M€
Ronaldinho : 5 M€

2

### JR 25

1. Faux, il a joué 12 minutes face à la Grèce
2. Vrai, deux (avec Monaco et Paris)
3. Vrai, la Coupe Intertoto avec Troyes en 2001
4. Vrai, sauf s'il ment (en attente de preuve)
5. Faux, c'est à Arsenal qu'il aurait pu signer s'il avait attendu six mois
6. Vrai, en Turquie
7. Faux, il aura fallu attendre 2013 et un derby corse alors qu'il jouait à Bastia
8. Faux (dommage)
9. Vrai, avec Bastia en 2012
10. Faux, ce sont René et Marcel

3

### TONNERRE DE ZEUS

1. Rolland Courbis
2. Gilbert Gress
3. Sophocle
4. Kofidis
5. Antonis Minou

4

### CRÈME ANGLAISE RENVERSÉE

| | | | | | | | | | | | |
|---|---|---|---|---|---|---|---|---|---|---|---|
| G | A | L | L | A | S | A | N | T | I | N | I |
| T | E | A | S | T | H | U | R | A | M | U | N |
| Z | R | R | B | E | L | L | I | V | E | N | D |
| I | E | E | R | A | M | A | H | K | C | E | B |
| L | L | I | Z | A | R | A | Z | U | U | O | N |
| L | O | V | I | E | R | T | J | X | W | D | E |
| E | C | G | D | P | G | D | H | E | N | R | Y |
| B | D | N | A | I | I | U | N | E | N | A | E |
| P | E | I | N | Z | I | R | E | D | Z | P | N |
| M | A | K | E | L | E | L | E | T | A | M | O |
| A | N | S | E | L | O | H | C | S | E | A | O |
| C | S | I | L | V | E | S | T | R | E | L | R |

Réponse : Zinédine Zidane

5

### LES INVINCIBLES

4. Seaman
7. Adams
12. Overmars
17. Grimandi
20. Sagna
23. Diaby

## 2006

1

### SAMBA BLEUE

1. Premier but : Just Fontaine, passe de Raymond Kopa
   Deuxième but : Roger Piantoni (pas de passeur)
2. But de Michel Platini, passe de Dominique Rocheteau
3. Premier but : Zinédine Zidane, passe d'Emmanuel Petit
   Deuxième but : Zinédine Zidane, passe de Youri Djorkaeff
   Troisième but : Emmanuel Petit, passe de Patrick Vieira
4. But de Thierry Henry, passe de Zinédine Zidane

2

### LE PREMIER « MATCH » DE L'AFTER

1. 3-1
2. Inzaghi
3. *L'After* sur RMC, avec Gilbert Brisbois, Daniel Riolo et Florent Gautreau
4. Seedorf et Abidal
5. Kaka et Wiltord
6. Benzema

3

### CAPTAIN FANTASTIC

1. 1974 : Franz Beckenbauer
2. 1978 : Daniel Passarella
3. 1982 : Dino Zoff
4. 1986 : Diego Maradona
5. 1990 : Lothar Matthäus
6. 1994 : Dunga
7. 1998 : Didier Deschamps
8. 2002 : Cafu

9. 2006 : Fabio Cannavaro
10. 2010 : Iker Casillas
11. 2014 : Philipp Lahm
12. 2018 : Hugo Lloris
13. 2022 : Lionel Messi

**4**

### FOOTBALL SHOWS

- 1 F 1959 : Tutto Il Calcio
- 2 A 1964 : Match of The Day
- 3 C 1977 : Téléfoot
- 4 E 1990 : L'Équipe du dimanche
- 5 B 1992 : Jour de Foot
- 6 D 2001 : On refait le match
- 7 G 2014 : Chiringuito

## 2007

**1**

### VOYOU !

1. « Je suis en train d'écouter les propos de Daniel et c'est vraiment **désagréable** »
2. « Vous êtes en train de **mentir** ! »
3. « Ça démontre à l'évidence le **personnage** que vous êtes, mon cher Daniel ! »
4. « Bah non je ne vous **pardonne** pas ! »
5. « Vous avez des a priori **malhonnêtes** ! »
6. « Je vous démontre que vous avez **tort** et vous persistez ! C'est **gravissime** ! »
7. « Je vous demande d'aller voir le préfet et de me présenter vos **excuses** ! »
8. « Vous êtes un **chenapan** ! »
9. « Vous essayez de vous en sortir par des **arguties** qui ne tiennent pas la route ! »
10. « Monsieur, vous êtes un **voyou** ! »

**2**

### OLYMPIQUE DO BRAZIL

1. Cris
2. Juninho
3. Sonny Anderson
4. Claudio Caçapa
5. Fred
6. Lucas Paquetá

**3**

### EX-GONES

1. Memphis Depay
2. Lisandro Lopez
3. Tony Vairelles
4. John Carew
5. Pierre Laigle
6. Patrice Carteron
7. Nilmar

**4**

### 7 À LA MAISON

**9 TITRES**

1. Entre 2013 et 2023 : Marco Verratti
2. Entre 2014 et 2024 : Marquinhos

**8 TITRES**

3. Entre 2015 et 2024 : Presnel Kimpembe
4. Entre 2017 et 2024 : Kylian Mbappé

**7 TITRES**

5. Entre 2013 et 2020 : Thiago Silva
6. Entre 2002 et 2008 : Juninho
7. Entre 2002 et 2008 : Grégory Coupet
8. Entre 2002 et 2008 : Sidney Govou
9. Entre 1967 et 1976 : Jean-Michel Larqué
10. Entre 1967 et 1976 : Hervé Revelli

## 2008

**1**

### N'OUBLIEZ PAS LES PAROLES

1. Franck Ribéry
2. Nabil Fekir
3. Matt Moussilou
4. Zinédine Zidane
5. Gérard Houllier
6. Luis Fernandez
7. Jérôme Rothen
8. Abdeslam Ouaddou
9. Daniel Riolo
10. Nicolas Fauvergue
11. Thierry Roland

**2**

### BREDOUILLES

2. Miralem Pjanic
3. Hugo Lloris
6. Florian Maurice
7. Ludovic Giuly
11. Bafétimbi Gomis
14. Michel Bastos
16. Nabil Fekir

**3**

### CACHE-CACHE LYONNAIS

| | | | | | | | | | | |
|---|---|---|---|---|---|---|---|---|---|---|
| J | B | E | D | I | M | O | B | G | E | A |
| Y | F | A | T | E | H | C | E | R | B | A |
| A | M | O | R | O | S | N | N | N | N | A |
| P | E | E | E | C | E | J | Z | S | T | E |
| E | D | E | R | S | O | N | E | E | R | Y |
| D | N | M | I | B | A | L | M | O | N | T |
| I | A | O | A | E | M | L | A | R | I | T |
| C | M | R | E | I | O | R | A | G | L | O |
| H | O | N | N | P | T | U | A | E | M | G |
| S | I | I | E | L | O | N | A | U | A | N |
| L | D | Z | A | A | A | S | S | I | R | C |

Réponse : Jean-Michel Aulas

**4**

### CENTENARIO

1. 180 – Sergio Ramos
2. 167 – Iker Casillas
3. 143 – Sergio Busquets
4. 133 – Xavi
5. 131 – Andrés Iniesta
6. 126 – Andoni Zubizarreta
7. 125 – David Silva
8. 114 – Xabi Alonso
9. 110 – Fernando Torres
10. 110 – Cesc Fabregas
11. 102 – Raul
12. 102 – Gerard Piqué

## 2010

**1**

### « ET POURTANT, C'ÉTAIT LE JACKPOT, MESSIEURS DAMES »

1. Jean-Pierre Escalettes
2. Patrice Evra
3. Franck Ribéry
4. Jean-Louis Valentin
5. Jean-Michel Larqué
6. Daniel Riolo
7. Rolland Courbis
8. Raymond Domenech
9. Roselyne Bachelot

2

### LES 5 ERREURS DE ZAVEN

1. Le chronomètre
2. Le bus n'était pas rouge
3. Il n'y a pas de kangourous en Afrique du Sud
4. Les deux étoiles sur le sweat
5. Le coq à l'envers

## 2011

1

### QUI EST QUI ?

1 I Rolland Courbis : Il a joué à l'US Police.

2 G Lionel Charbonnier : Les chevaux, c'est son dada.

3 A Éric Di Meco : Il a participé à *The Voice.*

4 B Christophe Dugarry : Daniel Riolo lui a dit : « *Tu ne devrais même pas parler de la Ligue des Champions, tu l'as trop peu jouée !* »

5 F Jean-Michel Larqué : Il n'avait pas « *le pied en porte-manteau* ».

6 H Frank Lebœuf : Il a joué dans un film récompensé aux Oscars (*Une merveilleuse histoire du temps*).

7 C Emmanuel Petit : Il a inscrit le 1000e but des Bleus.

8 E Jérôme Rothen : *Libération* a écrit à son propos : « *Joueur moyen moins mais grand pied gauche* ».

9 D Grégory Coupet : Il a manqué plusieurs matchs suite à une chute alors qu'il essayait de monter une étagère pour ses trophées.

2

### « 1 + 1 = 11 » (JEAN-CLAUDE VAN DAMME)

Fabien Centonze

3

### NOM, PRÉNOM ?

Lille – Moussa Sow – 25 buts
Lorient – Kevin Gameiro – 22 buts
Lyon – Lisandro Lopez – 17 buts
Valenciennes – Grégory Pujol – 17 buts
Caen – Youssef El-Arabi – 17 buts
Marseille – Loïc Rémy – 16 buts
Lille - Gervinho – 15 buts
Sochaux – Brown Ideye – 15 buts
Sochaux – Modibo Maïga – 15 buts
PSG – Nenê – 14 buts
Saint-Étienne – Dimitri Payet – 13 buts
Monaco – Chu Young Park – 12 buts
Montpellier – Olivier Giroud – 12 buts
Marseille – André Ayew – 11 buts
Lyon – Bafétimbi Gomis – 10 buts
Bordeaux – Anthony Modeste – 10 buts

4

### « LES PETITS MERDEUX DE L'AFTER »

1. Éric Roy
2. Christophe Galtier
3. Rudi Garcia
4. Jean Fernandez
5. Claude Puel
6. Philippe Montanier
7. Didier Deschamps
8. René Girard
9. Alain Casanova
10. Antoine Kombouaré

## 2012

1

### LE 11 DE MAÎTRE RENARD

1. Gardien : Bernard Lama
2. Défenseur gauche : Razvan Rat
3. Défenseur central : Frank Lebœuf
4. Défenseur droit : Stéphane Lièvre
5. Milieu gauche : Pierre Laigle
6. Milieu central gauche : Paul Lasne
7. Milieu central droit : Fabrice Poullain
8. Milieu droit : Olaf Thon
9. Attaquant gauche : Jessy Pi
10. Attaquant axial : Omar Da Fonseca
11. Attaquant droit : Reginald Ray

2

### HÉRAULTS

1. Rémi Cabella
2. Geoffrey Jourdren
3. Romain Pitau
4. Garry Bocaly
5. Vitorino Hilton

3

### TOP 50

1. Willy Sagnol
2. Marvin Martin
3. Élie Baup
4. Luis Fernandez
5. Patrick Vieira
6. Laurent Blanc
7. Alain Traoré

4

### EURO SCEPTIQUE

2 Mathieu Debuchy (Lille OSC)
4 Adil Rami (Valence)
5 Philippe Mexès (AC Milan)
21 Laurent Koscielny (Arsenal FC)
22 Gaël Clichy (Manchester City)
6 Yohan Cabaye (Newcastle United)
17 Yann M'Vila (Stade rennais)
19 Marvin Martin (FC Sochaux)
14 Jérémy Menez (Paris SG)

## 2014

1

### EL LOCO

1. Espanyol Barcelone
2. Athletic Bilbao
3. Marseille
4. Lille
5. Lazio
6. Leeds

**2**

## DECIMA

| | A | B | C | D | E | F | G | H | I | J | K |
|---|---|---|---|---|---|---|---|---|---|---|---|
| 1 | A | N | E | L | K | A | | | S | P | A |
| 2 | L | A | | | | M | I | C | O | U | D |
| 3 | A | V | E | R | T | I | | O | W | E | N |
| 4 | B | A | L | E | | C | | U | | L | |
| 5 | A | S | | D | I | A | R | R | A | | L |
| 6 | | | G | O | A | L | | T | K | | D |
| 7 | B | R | O | N | | | | O | | T | C |
| 8 | O | | A | D | M | | N | I | C | E | |
| 9 | | E | T | O | O | | I | S | A | K | |
| 10 | O | L | | | D | O | N | | S | A | N |
| 11 | M | A | R | C | E | L | O | | A | | O |

**3**

## LA FESSÉE

1. Troyes-PSG : 0-9
2. Lyon-Dinamo Zagreb : 7-1
3. Memphis-Oklahoma : 152-79
4. Australie-Samoa américaines : 31-0… et encore bravo à Thompson pour son « treizuplé » !
5. France-Gibraltar : 14-0
6. Brésil-Allemagne : 1-7
7. Australie-Namibie : 142-0
8. Guingamp-Nice : 2-7
9. France-Azerbaïdjan : 10-0
10. Manchester City-RB Leipzig : 7-0

**4**

## ET À LA FIN, C'EST L'ALLEMAGNE QUI GAGNE

| | | | | | | | | | | |
|---|---|---|---|---|---|---|---|---|---|---|
| R | O | N | A | R | E | H | C | S | A | M |
| O | Y | M | A | E | M | P | A | Y | N | D |
| M | A | H | I | G | U | A | I | N | A | E |
| E | R | A | L | I | L | S | Z | I | C | M |
| R | A | L | G | E | L | B | Z | Z | A | I |
| O | G | A | I | T | E | O | E | A | R | C |
| S | N | S | B | S | R | S | V | B | A | H |
| R | E | U | E | N | S | L | A | A | M | E |
| B | T | D | R | I | R | E | L | L | E | L |
| E | A | S | E | E | I | M | M | E | G | I |
| S | O | L | M | W | R | M | T | T | O | S |
| O | B | A | R | H | O | U | O | A | T | I |
| L | R | S | Z | C | J | H | E | R | Z | O |
| K | R | O | O | S | O | Z | E | R | E | P |

Réponse : Pays-Bas - Brésil, 3-0

# 2016

**1**

## SOUVIENS-TOI DE L'EURO 2016

1. Renato Sanches
2. Albanie et Islande
3. Olivier Giroud et Dimitri Payet
4. Antoine Griezmann
5. Super Victor
6. Roy Hodgson
7. Jakub Błaszczykowski

**2**

## SO BRITISH

| | A | B | C | D | E | F | G | H | I | J | K | L | M |
|---|---|---|---|---|---|---|---|---|---|---|---|---|---|
| 1 | L | A | S | L | A | N | D | E | S | | F | L | O |
| 2 | A | R | T | E | T | A | | Z | O | L | A | | V |
| 3 | S | E | A | M | A | N | | E | L | A | N | G | A |
| 4 | R | O | M | A | R | I | O | | | N | | O | L |
| 5 | E | L | | R | I | C | H | A | R | D | S | | |
| 6 | N | A | | C | | A | | | E | | A | J | A |
| 7 | A | | | H | A | R | G | R | E | A | V | E | S |
| 8 | | | S | A | R | R | I | | D | | E | | S |
| 9 | | S | A | N | T | I | N | I | | S | | H | I |
| 10 | B | A | | D | E | C | O | | R | E | P | A | S |
| 11 | E | L | I | | | K | L | U | I | V | E | R | T |
| 12 | S | A | M | B | A | | A | C | C | E | N | T | |
| 13 | T | H | E | | H | T | | L | E | N | O | | |

**3**

## FRENCH TOUCH

Jean Tigana : Fulham
Gérard Houllier : Liverpool
Philippe Montanier : Nottingham Forest
Claude Puel : Southampton
Jacques Santini : Tottenham
Alain Perrin : Portsmouth
Rémi Garde : Aston Villa
Valérien Ismaël : Watford
Arsène Wenger : Arsenal

**4**

## CANNIBALE

1. Liverpool-Chelsea : Branislav Ivanovic
2. Italie-Uruguay : Giorgio Chiellini

# 2017

**1**

## NEY, RONNIE, MARQUI

1. Valdo
2. Geraldão
4. Raí
9. Christian
10. Vampeta
11. Aloisio
12. Alex Dias
17. Ceará
18. Éverton
19. Souza
20. Nenê
21. Alex
26. David Luiz
29. Rafinha
30. Beraldo

**2**

## REMONTADA

1. Laurent Blanc
2. « Je pense qu'on va gagner 5 à 4 »
3. Tony Kurbos
4. Eusebio Di Francesco
5. Andreï Chevtchenko
6. Raí

**3**

## KYKY

1. Kéké et Cocu
2. Kaka
3. Kyky
4. Koke
5. Kéké
6. Kaka et Coco
7. Kyky et Kaka
8. Kéké, Coco, Cocu et Kaka
9. Kéké

**4**

## CIEL BLEU

Sylvinho
Daniel Sturridge
Brahim Diaz
Kasper Schmeichel
Frank Lampard
Patrick Vieira
Jérôme Boateng
Martin Demichelis

Maicon
David Pizarro
Emmanuel Adebayor

# 2018

## 1 LES COMPÈTES AUX OUBLIETTES

1. 1999
2. Le tournoi Hassan II (victoire des Bleus en 1998 et 2000). Ce tournoi n'existe plus depuis 2000.
3. La Coupe des Villes de foire
4. La Coupe de la Ligue
5. La Coupe des Confédérations
6. La Coupe Intertoto
7. La Coupe Charles-Drago

## 2 EDINSON

1. Salto
2. Boca Juniors
3. El Matador
4. Faux (c'est Luis Suarez)
5. Jésus

## 3 NOTRE FRANCE-ARGENTINE PRÉFÉRÉ

| | FRANCE | ARGENTINE | |
|---|---|---|---|
| 75' | B. Matuidi ↓ | ↓ M. Rojo | 46' |
| | C. Tolisso ↑ | ↑ F. Fazio | |
| 83' | A. Griezmann ↓ | ↓ E. Pérez | 66' |
| | N. Fekir ↑ | ↑ S. Agüero | |
| 89' | K. Mbappé ↓ | ↓ C. Pavón | 75' |
| | F. Thauvin ↑ | ↑ M. Meza | |

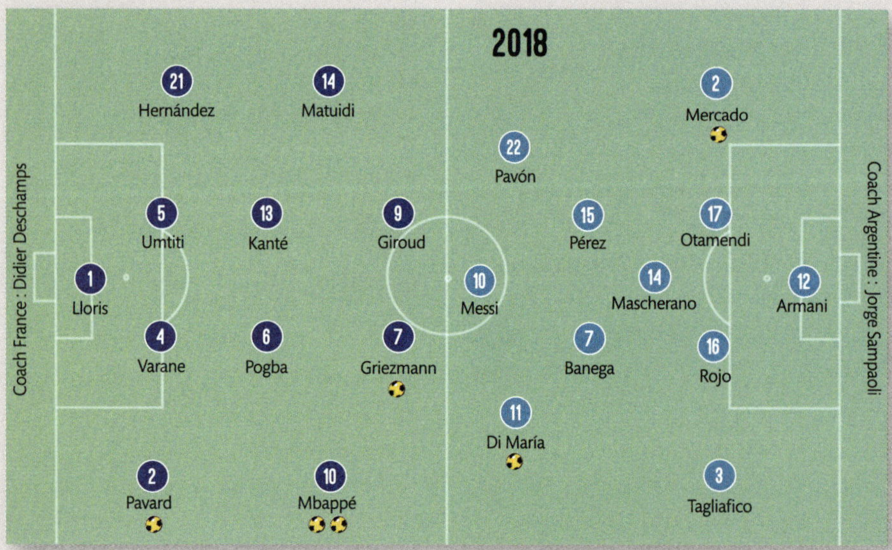


## 4 DÉDÉ

1. Champion du Monde : Dédé, Didi et Dada
2. Chanteuse : Dido
3. Basque : Dédé
4. Brésilien : Didi et Dida et Dudu et Dodo
5. J'ai joué à Rennes : Dudu et Didot
6. Inventeur de la frappe en feuille morte : Didi
7. J'ai une maison en Bretagne : Dédé et Didot
8. Dictateur : Dada
9. J'ai été chroniqueur sur RMC : Dédé
10. Je mesure plus d'1,90 m : Dida et Dada
11. Les petits ne me quittent jamais : Dudu
12. Chanson de 1992 : Didi

# 2020

## 1 YOU'LL NEVER FINISH THIS GRID ALONE

| | | | | | | | | | | | | | |
|---|---|---|---|---|---|---|---|---|---|---|---|---|---|
| O | F | A | B | I | N | H | O | O | G | O | G | N | N |
| D | W | Z | E | N | U | N | Y | R | A | A | N | O | O |
| H | R | E | N | L | I | M | M | I | E | G | I | N | S |
| A | E | A | N | M | A | L | A | G | B | G | L | A | T |
| L | S | K | R | T | E | L | L | I | I | E | R | R | R |
| A | N | I | E | R | L | N | L | E | B | R | E | E | E |
| S | F | R | L | T | E | A | E | A | T | Y | T | H | B |
| C | I | K | W | A | N | G | B | O | N | O | S | C | O |
| S | N | L | O | V | R | E | N | H | P | A | L | S | R |
| E | N | A | F | I | I | E | B | K | S | K | M | A | S |
| M | A | N | E | E | O | K | S | A | Z | K | A | M | B |
| A | N | D | A | L | G | L | I | S | H | A | T | G | N |
| J | O | T | A | N | E | L | K | A | I | H | I | O | A |
| E | N | D | O | H | N | I | Y | U | O | C | P | D | C |

Réponse : Aly Cissokho

## 2 ANNÉE COUPÉE-DÉCALÉE

1. Vrai, l'équipe féminine de l'OL
2. Faux, les Lyonnais perdent aux tirs au but contre le PSG
3. Vrai
4. Faux, c'est Toulouse qui accompagne Amiens en L2
5. Faux, c'est Moussa Dembélé qui inscrit le doublé
6. Faux, le Bayern l'emporte 8-2 !
7. Vrai

## 3 ILS NOUS FONT DOUTER, CES TCHÈQUES

OM : Mladá Boleslav (République Tchèque)
OL : Maribor (Slovénie)
Bordeaux : Videoton (Hongrie)
Nice : Slovácko (République Tchèque)
PSG : Waterschei (Belgique)
Monaco : Viking Stavanger (Norvège)
Lille : Qabala (Azerbaïdjan)
Nantes : Aarhus (Danemark)
Lens : Gaziantepspor (Turquie)
Rennes : Astana (Kazakhstan)
Sochaux : Panionios (Grèce)
Saint-Étienne : Esbjerg (Danemark)

4

## UNE FINALE, ÇA SE GAGNE

| COMPÉTITION | ANNÉE | ADVERSAIRE | CLUB | SCORE |
|---|---|---|---|---|
| C1 | 1956 | Real Madrid | Reims | 4-3 |
| C1 | 1959 | Real Madrid | Reims | 2-0 |
| C1 | 1976 | Bayern | St-Étienne | 1-0 |
| C3 | 1978 | PSV Eindhoven | Bastia | 0-0 et 3-0 |
| C1 | 1991 | ER Belgrade | Marseille | 0-0 (5-3 tab) |
| C2 | 1992 | Werder | Monaco | 2-0 |
| C3 | 1996 | Bayern | Bordeaux | 2-0 et 3-1 |
| C3 | 1999 | Parme | OM | 3-0 |
| C3 | 2004 | Valence | OM | 2-0 |
| C1 | 2004 | Porto | Monaco | 3-0 |
| C3 | 2018 | Atlético | OM | 3-0 |
| C1 | 2020 | Bayern | PSG | 1-0 |

# 2021

1

## FOOTBALLEUR TOTAL

1. Mateus Tetê (ou Flavien Tait)
2. Frédéric Née
3. Didier Lang
4. Yohan Hautcœur
5. Jean-Claude Bras
6. Lucas Deaux (ou Massimo Oddo)
7. Jérémy Le Douaron
8. Sandor Kocsis
9. Wout Faes
10. Franck Queudrue
11. Florent Mollet
12. Jérémy Pied

2

## CLUB DE CŒUR

Gilbert Brisbois : Strasbourg
Daniel Riolo : PSG
Florent Gautreau : Tours
Carine Galli : OM
Julien Cazarre : PSG
Jean-François Pérès : OM
Max du standard : Nantes
Jérôme Thomas : Rennes
Nicolas Jamain : Bordeaux
Jimmy Braun : PSG
Stéphane Guy : Alençon
Houssem Loussaief : Zidane
Thibaut Giangrande : PSG
Nicolas Vilas : Mourinho
Simon Dutin : Bordeaux
Paul Vexiau : PSG
Walid Acherchour : Mbappé
Jonatan Machardy : OM
Fred Hermel : Lens
Marc Ambrosiano : OM
Julien Laurens : PSG
Polo Breitner : Polo Breitner
Johann Crochet : Francesco Totti
David Lortholary : Nadia Comaneci
Cherif Ghemmour : Cruyff
Stéphane Pauwels : Mouscron
Philippe Auclair : Arsenal
Sofiane Zouaoui : Lyon
Thibaud Leplat : Régis Le Bris
François Manardo : Nice

3

## LES 5 ERREURS DE ZAVEN

1. Le ballon de rugby
2. Les boucles d'oreille
3. Le hibou Verratti sur le sweat de Daniel
4. Gilbert qui mange un burger
5. Le logo RMC soleil

# 2022

1

## QATARSIS

**Remplaçants :**

| | | | |
|---|---|---|---|
| 12 | Randal Kolo Muani | | ▲41ᵉ |
| 26 | Marcus Thuram | 87ᵉ | ▲41ᵉ |
| 20 | Kingsley Coman | | ▲71ᵉ |
| 25 | Eduardo Camavinga | | ▲71ᵉ |
| 13 | Youssouf Fofana | | ▲96ᵉ |
| 24 | Ibrahima Konaté | | ▲113ᵉ |
| 3 | Axel Disasi | | ▲120ᵉ+1 |

**Entraîneur :**
Didier Deschamps

**Remplaçants** :

| | | | |
|---|---|---|---|
| 8 | Marcos Acuña | 90+8e | ▲64e |
| 4 | Gonzalo Montiel | 116e | ▲90e |
| 5 | Leandro Paredes | 114e | ▲102e |
| 22 | Lautaro Martínez | | ▲103e |
| 6 | Germán Pezzella | | ▲116e |
| 21 | Paulo Dybala | | ▲120e+1 |

**Entraîneur :**

Lionel Scaloni

2

## CANARIS

1. Vahid Halilhodzic
2. Jorge Burruchaga
3. Jean-Claude Suaudeau
4. Maxime Bossis
5. Nicolas Pallois
6. Patrice Loko

3

## LA RELÈVE

1. simple
2. Yamakasi et émotions
3. Vercingétorix
4. Colisée
5. papa
6. banque
7. fruits
8. Aristochats
9. musique

4

## LIONS DE L'ATLAS

1. Nigéria : Les Super Eagles
2. Égypte : Les Pharaons
3. Sénégal : Les Lions de la Téranga
4. Tunisie : Les Aigles de Carthage
5. Algérie : Les Fennecs
6. Togo : Les Éperviers
7. Cap-Vert : Les Requins bleus
8. Afrique du Sud : Les Bafana Bafana
9. Mali : Les Aigles
10. Cameroun : Les Lions indomptables
11. Ghana : Les Black Stars
12. Gabon : Les Panthères

# 2024

1

## « JOUEZ, MESSIEURS ! »

1. Horacio Elizondo
2. Massimo Busacca
3. Joël Quiniou
4. Tom Henning Øvrebø
5. Pierluigi Collina
6. Robert Wurtz
7. Bruno Derrien
8. Benoît Millot
9. Stéphane Lannoy
10. Ian Foote
11. Howard Webb
12. Clément Turpin

2

## LA BLAGUE STADE 2

1. (Quentin) Merlin
2. (Gaël) Clichy
3. (Kai) Havertz
4. (Pablo) Sarabia
5. (Bradley) Locko
6. (Axel) Disasi
7. (Yann) Sommer
8. (Michael) Olise
9. (Raheem) Sterling

3

## FAITES VOS JEUX

1. L'équipe de France masculine n'a glané qu'une seule médaille dans son histoire aux J.O.
   Emmenée par son sélectionneur **Henri Michel**, elle décroche la plus belle en battant le **Brésil** en finale lors des J.O. de **Los Angeles.** Ce 11 août 1984, il y avait plus de **100 000** spectateurs au Rose Bowl de Pasadena pour admirer cette « équipe B » des Bleus, victorieuse quelques semaines après le succès des « A » à l'Euro.
2. Depuis 1992, le tournoi est « rajeuni ». Seuls les joueurs de moins de **23 ans** peuvent participer, avec un passe-droit, depuis 1996, pour 3 joueurs. Aux Jeux de Tokyo en 2021, ces trois joueurs étaient, pour la France, Florian Thauvin, **André-Pierre Gignac** et **Teji Savanier**.
3. Chez les filles, il n'y a pas de restriction d'âge. Le tournoi féminin existe depuis **1996**. La meilleure place des Bleues est 4e en **2012**, année de leur première participation.
4. Cette année, les finales masculine et féminine auront lieu au **Parc des Princes**.

4

## ÇA SE DISPUTE

1. Philippe Lucas
2. 3-1
3. Noël
4. guignol
5. Gilbert Brisbois
6. merde
7. Noël

AFTER FOOT
SUR RMC

**Auteurs**
Jérôme Thomas, Gaétan Mathieu,
Gilbert Brisbois, Daniel Riolo

**Illustrations**
Zaven Najjar et Jean Duverdier

**Maquette et mise en page**
Caroline Laleta Ballini / DELICITY

**Couverture**
Création Studio Flammarion

**Photographie de couverture**
Félicien Delorme

**Crédits des autres illustrations**
Istock by Getty Images


ISBN : 978-2-0804-5293-1

Achevé d'imprimer en avril 2024 sur les presses de Pollina, France.